W0352030

Marion von der Kammer

Texte lesen und verstehen 7/8

Stationen im Lernzirkel

Schroedel

Marion von der Kammer

Texte lesen und verstehen 7/8

Stationen im Lernzirkel

[R] = Texte stehen in alter Rechtschreibung

Druck A [1] / Jahr 2004

Alle Drucke der Serie A sind im Unterricht parallel verwendbar.

Redaktion: Daniela Rauthe
Herstellung: Barbara Frankhuizen
Grafik: Mann + Maus OHG, Hannover
Umschlaggestaltung: Jürgen Kochinke, Derneburg
Satz: IPS Ira Petersohn, Ellerbek
Druck und Bindung: westermann druck GmbH, Braunschweig

ISBN 3-507-41764-2

Inhaltsverzeichnis

Anmerkungen und Hinweise zum Einsatz des Lernzirkels

Was für einen Sinn hat das Lernen an Stationen?

Für die Förderung der Lesekompetenz bietet das Arbeiten an Stationen wichtige Vorteile:

- Die Schüler müssen sich, unterstützt durch geeignete Aufgabenstellungen, **Textsinn selbstständig erschließen.**
- Es erfolgt eine **Aktivierung aller Schüler**, denn jeder einzelne Schüler muss seinen Beitrag zur Lösung der gestellten Aufgaben leisten.
- Die Schüler können die Aufgaben **entsprechend ihrem Arbeitstempo** bearbeiten.
- Das eigenständige Arbeiten der Schüler sorgt für eine **entspannte Arbeitsatmosphäre**.
- Die **Motivation** der Schüler ist bei dieser Arbeitsweise besonders **hoch**, weil sie das Gefühl haben, dass ihnen eigenständiges Arbeiten zugetraut wird.
- Das Arbeiten an Stationen ermöglicht den Schülern einen **interaktiven Austausch** über den Sinn eines Textes. Fehlerhaftes Textverständnis wird so oftmals schon innerhalb der einzelnen Schülergruppen korrigiert, ohne dass der Lehrer dirigierend eingreifen muss.
- Der **Lehrer** ist durch die entspannte Unterrichtsatmosphäre **entlastet**. Er kann seine Schüler bei ihrem Vorgehen beobachten und, wenn nötig, einzelnen Gruppen gezielt Ratschläge geben, um sie in ihrem Lernprozess zu unterstützen.

Hinzu kommt, dass die Aufgaben zu den einzelnen Texten geeignet sind, eine **sekundäre Lesemotivation** zu schaffen. Da es in der Regel der Lehrer ist, der die im Unterricht zu lesenden Texte auswählt, kann nicht davon ausgegangen werden, dass die Schüler eine primäre Motivation haben, die jeweiligen Texte zu lesen. Durch die Aufgaben werden die Schüler dazu angeregt, Textinformation quasi mittels eines „Suchschemas" zu bearbeiten. Das fördert ihr Interesse am Text.

Welche Lerninhalte vermittelt der vorliegende Lernzirkel?

Beim vorliegenden Lernzirkel steht vor allem der **Prozess des Textverstehens** im Mittelpunkt. Es geht weniger darum, dass die Schüler (Text-)Kenntnisse erwerben. Auch geht es nicht in erster Linie darum, dass sie Fachbegriffe für eine Textanalyse kennen lernen. Ziel ist hier die **systematische Förderung der Lesekompetenz**.

Der Prozess des Textverstehens ist außerordentlich komplex. Um den Sinn eines Textes zu verstehen, muss der Leser viele und vielfältige **textverstehende Operationen** vollziehen. Mit dem Zuordnen von Wort- und Satzsinn (literales Verstehen) ist es nicht getan. Um einen Text zu verstehen, muss der Leser darüber hinaus vor allem Folgendes leisten:

- Er muss die **Aufmerksamkeit auf einzelne Textelemente richten**, die ihm für die Konstruktion des Textsinns besonders relevant erscheinen.
- Er muss **einzelne Textelemente nach bestimmten Kategorien zusammenstellen** und sie **als Gruppen** (außertextlichen) **Schemata oder Mustern zuordnen**.
- Er muss die – immer lückenhafte – Textinformation nutzen, um durch **schlussfolgerndes Denken** (Inferenzen) auch **impliziten Textsinn** zu erschließen.
- Vor allem aber: Er muss zur Textinformation ein **ganzheitliches Vorstellungsbild** (ein *mentales Modell*) entwickeln.

Die Aufgabenstellungen zu den einzelnen Stationen sind so konzipiert, dass wechselweise immer wieder unterschiedliche Teilkompetenzen geübt werden. Nur so kann Lesekompetenz systematisch gefördert werden.

Welche Lernprinzipien verfolgt der Lernzirkel?

Lesekompetenz lässt sich gut über das Arbeiten an Stationen schulen. Jeder Text stellt eine neue Herausforderung für den Leser dar. So ist

Texte lesen und verstehen 7/8 Best.-Nr. 3-507-41764-2

es in der Tat völlig beliebig, in welcher Reihenfolge die Stationen bearbeitet werden.
Nicht beliebig ist jedoch, **wie** die Arbeit an den Stationen verläuft. Zunächst ist es wichtig, dass sich **jeder Schüler** im Vorfeld **individuell** mit dem jeweiligen Text auseinander setzt; denn Lesen ist ein konstruktiver Prozess, der einzelne Schüler muss den Textsinn zunächst ganz allein für sich konstruieren. Aus diesem Grund sollte der **erste Zugang** zum Text immer **individuell** erfolgen (z. B. als Hausaufgabe). Da reine Leseaufgaben in der Regel von vielen Schülern nicht ernst genommen werden, wird die erste Textbegegnung mit einer **speziellen Aufgabe** verbunden, die vom einzelnen Schüler bearbeitet werden soll. Das erste Textverständnis wird immer eher ungenau sein, und es ist auch möglich, dass es zu fehlerhaften Sinnkonstruktionen kommt. Deshalb ist es erforderlich, dass anschließend ein **interindividueller Austausch** über das Verstandene erfolgt. Hier setzt die Arbeit an der Station ein: Die Schüler bearbeiten jetzt **als Gruppe** weitere **Aufgaben zum Text**. Der Aufgabensammlung ist in der Regel ein Lösungsvorschlag für die erste Aufgabe vorangestellt; das ist deshalb notwendig, damit nicht auf der Basis eines möglicherweise falschen Textverständnisses weitergearbeitet wird.
Alle Aufgaben sind so angelegt, dass jeweils verschiedene **Teilkompetenzen** des Textverstehens gelernt und/oder geübt werden: Stets wird die **Aufmerksamkeit** auf **bestimmte Textelemente** gelenkt. Die Schüler müssen die **Textinformationen finden**, sie **gruppieren** und **auf ihr Vorwissen beziehen**. Nur so können sie schließlich **textverstehende Urteile** abgeben (d. h. den Text interpretieren).
Einige Aufgaben zielen erst einmal darauf ab, **Vorwissen zu reaktivieren** (z. B. beim Wortkreis zum Begriff „Paradies“, vgl. Station 7, oder beim Begriff „listig“, vgl. Station 6). Nur wenn Textinformation auf ein solides Vorwissen bezogen werden kann, ist ein differenziertes Textverständnis möglich. Bei einer Station werden die Schüler deshalb auch aufgefordert, sich durch Internetrecherche Informationen zu einem Sachbereich zu beschaffen (bei Station 9: „Hühner“).
Auch werden **unterschiedliche Textsorten** präsentiert, darunter **Sachtexte**. An jeder Station sollen die Gruppen ein wichtiges Ergebnis zum Textsinn erarbeiten. Zum Abschluss bietet es sich aber an, jeden einzelnen Schüler noch einmal sein Textverständnis zum Ausdruck bringen zu lassen. Dazu dienen die Zusatzaufgaben.

Wie durchlaufen die Schüler die Stationen?

Jeweils drei bis fünf Schüler bilden eine Gruppe. Es ist möglich, dass die Gruppen die einzelnen Stationen **in beliebiger Reihenfolge** durchlaufen. In diesem Fall würde die Arbeitsatmosphäre im Klassenraum nahezu Werkstattcharakter annehmen. Dann ordnet man jeder Gruppe am besten eine Nummer zu (das kann durch Auslosen geschehen); die Nummer entspricht der Anfangsstation dieser Gruppe. So wäre gewährleistet, dass alle Gruppen am Anfang einen anderen Text bearbeiten. Die weitere Reihenfolge könnte den Gruppen freigestellt werden; es ist aber auch denkbar, die Stationen weiter **in der vorgegebenen Reihenfolge** bearbeiten zu lassen: Die Gruppe, die mit Station 2 begonnen hat, wechselt dann zu Station 3 über; die Gruppe, die mit Station 3 begonnen hat, wechselt zu Station 4 über usw.
Es ist natürlich auch möglich, dass **alle Gruppen** die Stationen **in der vorgeschlagenen Reihenfolge** bearbeiten (beginnend mit Station 1). Das hätte den Vorteil, dass im Anschluss an die Bearbeitung der jeweiligen Aufgabensequenz zu einem Text noch einmal einzelne Ergebnisse in der Großgruppe diskutiert werden könnten. Oft interessieren sich die Schüler für die Ergebnisse, zu denen die anderen Gruppen gekommen sind. Ein Austausch darüber ist aber nur möglich, wenn der entsprechende Text allen Schülern noch präsent ist.
Die Aufgaben sind so zusammengestellt, dass jede Gruppe die wichtigsten Aufgaben inner-

halb einer Schulstunde bearbeiten kann. Für zwei Stationen ist der Zeitbedarf jedoch größer (Station 5 und Station 9); für diese Stationen sollten zwei Stunden einkalkuliert werden. Die **Zusatzaufgaben** können als Hausaufgabe aufgegeben werden.

Es versteht sich von selbst, dass die Stationen auch einzeln zum Unterrichtsthema gemacht werden können.

Was hat der Lehrer zu tun?

Das traditionelle Rollenverständnis des Lehrers ist durch das Lernen an Stationen nicht in Frage gestellt, denn nach wie vor ist er derjenige, der die Entscheidung über die Lerninhalte trifft. Allerdings erfolgt eine Verschiebung bezüglich seiner Aktivitäten: Der Schwerpunkt seiner Arbeit liegt nun primär bei der **Auswahl** der Lerninhalte, bei der **didaktischen Aufbereitung** dieser Inhalte und bei der **Auswertung der Arbeitsergebnisse**. Da er nicht mehr als Moderator in einem Unterrichtsgespräch tätig werden muss, hat er die Muße, sich einzelnen Schülern in Ruhe zu widmen. Er kann sich aber auch völlig heraushalten. Sollte eine der Stationen einmal gerade nicht von einer Schülergruppe bearbeitet werden, kann er auch selbst die Aufgaben dieser Station bearbeiten. Das hätte den Vorteil, dass die Schüler sich fast gleichberechtigt fühlen würden; auch wäre der Lehrer in diesem Fall für seine Schüler wie ein Modell, an dem sie sich orientieren könnten (Vorbildfunktion).

Zunächst aber sind einige Vorbereitungen zu treffen. Als Erstes müssen von allen Materialien **genügend Kopien** erstellt werden (vgl. tabellarische Übersicht). Jeder Schüler benötigt ein Exemplar des Textes; jede Gruppe erhält eine Aufgabensammlung.

Die Materialien zu jeder Station können entweder auf den einzelnen Gruppentischen liegen oder aber in Form eines Buffets nebeneinander. Wichtig ist nur eins: Die Schüler müssen das gesamte Material im Überblick haben, sodass sie sich selbstständig für ihre eigene Station „bedienen" können.

Es empfiehlt sich, für die Dauer der Stationsarbeit **feste Gruppen** einzurichten; am besten lässt man die Schüler **an festen Gruppentischen** sitzen; dann erübrigt sich ein zeitaufwändiges Umräumen des Mobiliars zu Beginn und Ende einer jeden Stunde. Der Lehrer sollte es ruhig zulassen, dass die Schüler sich **nach Sympathie** zu Gruppen zusammenfinden. Erfahrungsgemäß wird in den Gruppen nicht nur reibungsloser, sondern auch intensiver gearbeitet, wenn die „Chemie stimmt". Sollte sich herausstellen, dass dabei nicht immer leistungsheterogene Gruppen entstehen, muss das kein Nachteil sein – im Gegenteil: In Gruppen, die sehr heterogen zusammengesetzt sind, neigen schwächere Schüler dazu, den Leistungsstärkeren „den Vortritt" zu überlassen. Gerade diejenigen, die sich eigentlich besonders mühen müssten, um Textsinn zu erschließen, lehnen sich dann eher bequem zurück. So aber können sie für die Entwicklung ihrer eigenen Lesekompetenz nichts lernen.

Im Übrigen ist es auch nicht schädlich, wenn es bei einigen Aufgaben zunächst zu fehlerhaften Ergebnissen kommt. Gerade anhand von fehlerhaften Ergebnissen lässt sich gut erkennen, wann Schüler falsche Lesestrategien einsetzen, und nur dann kann der Lehrer geeignete Maßnahmen ergreifen, um gezielt gegenzusteuern. Er kann die Gruppe gezielt auf Textstellen hinweisen, die bei einer falschen Sinnkonstruktion zu Widersprüchen im Textsinn führen würden. („Wie erklärt ihr euch, dass es in Zeile … heißt: …?")

Texte lesen und verstehen 7/8 Best.-Nr. 3-507-41764-2

<table>
<tr><th>Station</th><th>Text</th><th>Arbeitsblätter</th><th>Lösungsblätter</th><th>Zusatzinfos</th><th>Zusätzliche Stationsblätter</th><th>Weitere Materialien</th></tr>
<tr><td>Affe</td><td rowspan="9">pro Station für jeden einzelnen Schüler kopieren und lochen</td><td rowspan="9">für jede Gruppe je ein Exemplar möglichst auf einheitlich farbiges Papier kopieren</td><td rowspan="9">für jede Gruppe je ein Exemplar möglichst auf einheitlich farbiges Papier kopieren; die Lösungsblätter am besten beim Lehrer deponieren</td><td rowspan="9">Grundsätzlich: Jeder Schüler sollte sich für diesen Lernzirkel einen Extra-Hefter anlegen, in den er alle Materialien einordnet (Texte, eigene Aufgaben).

Texte am besten zur Vorbereitung als Hausaufgabe lesen lassen, verbunden mit der Bearbeitung der ersten Aufgabe</td><td></td><td>bunte Filzstifte</td></tr>
<tr><td>Katze</td><td>Satzstreifen einmal für jedes Gruppenmitglied kopieren</td><td>Leuchtstifte, Schere, Klebstoff</td></tr>
<tr><td>Hund</td><td rowspan="2"></td><td>bunte Filzstifte</td></tr>
<tr><td>Ratten</td><td>Schere, Klebstoff, bunte Filzstifte</td></tr>
<tr><td>Eselsbrücke</td><td>Spielplan kopieren u. laminieren; Karten ausschneiden</td><td>Spielplan und -karten evtl. vergrößert kopieren</td></tr>
<tr><td>Fuchs</td><td rowspan="4"></td><td></td></tr>
<tr><td>Gänse</td><td>bunte Filzstifte</td></tr>
<tr><td>Lieblingstier</td><td></td></tr>
<tr><td>Hühner</td><td>Computer mit Internetanschluss (oder Recherche zu Hause durchführen lassen); farbiger Karton (DIN A 2); bunte Filzstifte, Schere, Klebstoff</td></tr>
</table>

Wie arbeitet man in der Gruppe richtig?

Es gibt ein paar Grundregeln, die immer gelten:
- **Leise arbeiten**, damit die anderen Gruppen nicht gestört werden!
- **Alle arbeiten mit**; keiner verlässt sich darauf, dass andere die Aufgaben schon erledigen werden.
- **Alle arbeiten konzentriert** und lassen sich nicht durch andere Gruppen ablenken.
- **Keiner schweift vom Thema ab** (für Privatgespräche sind die Pausen da).
- **Jeder darf frei seine Meinung äußern**; bei Meinungsverschiedenheiten wird nicht gestritten, sondern ruhig nach einer Lösung gesucht.
- **Man hilft sich gegenseitig**; das ist eine Grundvoraussetzung für erfolgreiche Teamarbeit.
- **Die Aufgaben werden möglichst gut erledigt**; es geht nicht darum, möglichst schnell zu arbeiten.

Welche Aufgaben zu vergeben sind:
- **Regelbeobachter:** Er sorgt dafür, dass die Regeln eingehalten werden, macht evtl. auf Regelverstöße aufmerksam und ist dafür verantwortlich, dass die Station am Ende wieder aufgeräumt wird (Materialien an ihren vorgesehenen Platz schaffen, nichts auf den Tischen liegen lassen!).
- **Gesprächsleiter:** Er sorgt dafür, dass sich die Gruppe zu den einzelnen Aufgaben im Gespräch austauscht. Dabei achtet er auch darauf, dass es nicht immer dieselben sind, die als Erste das Wort ergreifen, und er fordert auch die Schweigsamen auf, sich am Gespräch zu beteiligen. Er vertritt die Gruppe nach außen und wendet sich bei Rückfragen an den Lehrer.
- **Zeitmanager:** Er achtet darauf, dass die Gruppe konzentriert arbeitet und dass keine Zeit für überflüssige Aktivitäten vergeudet wird. Er hat die verstreichende Zeit im Blick und versucht abzuschätzen, wie viel Zeit für die noch verbliebenen Aufgaben benötigt wird.
- **Aufgabenkontrolleur:** Er achtet darauf, dass alle die Arbeitsanweisungen durchlesen. Aufgaben, die erledigt sind, hakt er ab.
- **Schriftführer:** Er schreibt die Ergebnisse auf. Dafür muss er Papier und Stift bereithalten.

Besonderheiten beim Lernzirkel zum Textverstehen:
- **Jedes Gruppenmitglied liest den Text erst einmal allein für sich.** Das geschieht am besten zu Hause, sonst geht zu viel Zeit für die eigentliche Stationsarbeit verloren. Zum ersten Lesen gibt es eine Aufgabe, die jeder für sich lösen soll.
- **Zu Beginn der Stationsarbeit holt ihr euch eure Gruppenaufgaben.** Dort könnt ihr auf der ersten Seite oben nachlesen, wie die richtige Lösung für die erste Aufgabe lautet. (Ausnahme: Station „Lieblingstier" und Station „Hühner")
- **Nun erledigt ihr zusammen die einzelnen Aufgaben** für eure Station. Beachtet dabei die Regeln.
- Wer fertig ist, bearbeitet die **Zusatzaufgaben**.
- **Holt euch das Lösungsblatt und überprüft eure Ergebnisse.** Achtung: Es gibt nicht immer eine einzig-mögliche Lösung. Manchmal gibt es nur Lösungsvorschläge.

Texte lesen und verstehen 7/8 Best.-Nr. 3-507-41764-2

Texte lesen und verstehen 7/8 Best.-Nr. 3-507-41764-2

Übersicht: Neun Stationen mit Symbolen

Stationspiktogramme vergrößern und als DIN A4 Tischkarten herstellen!

Affe

Katze

Hund

Ratten

Eselsbrücke

Fuchs

Gänse

Lieblingstier

Hühner

Hausaufgabe

Lies die folgende Erzählung. Der letzte Teil des Textes wird dir in zwei Versionen angeboten, von denen die eine das Original, die andere eine Fälschung ist. Überlege, welche der beiden Versionen am besten zu den vorangegangenen Textabschnitten passt, und begründe deine Entscheidung.

Zu deiner Information: Die Erzählung spielt zu Beginn der 1930er Jahre. Die Herrschaft der Nazis hatte gerade begonnen. Vielen Menschen ging es schlecht; die Arbeitslosigkeit war extrem hoch.

Der Verrat *Wolfdietrich Schnurre*

Mit einem Schlag war es Frühling. Auf der abgestorbenen Ulme im Hof sang früh eine Drossel, die Spatzen verschwanden mit ellenlangen Strohhalmen hinter der Dachrinne, und in den Schaufenstern der Papierhandlungen waren rotgelbe Triesel und stumpf glänzende Murmeln zu sehen.

Vater stand jetzt wieder früher auf, und wir gingen morgens immer in den Tiergarten, wo wir uns auf eine Bank in der Sonne setzten und dösten oder uns Geschichten erzählten, in denen Leute vorkamen, die Arbeit hatten und jeden Tag satt wurden.

War die Sonne mal weg oder es regnete, gingen wir in den Zoo. Wir kamen umsonst rein; Vater war mit dem Mann an der Kasse befreundet.

Am häufigsten gingen wir zu den Affen; wir nahmen ihnen meist, wenn niemand hinsah, die Erdnüsse weg; die Affen hatten genug zu essen, sie hatten bestimmt viel mehr als wir. Manche Affen kannten uns schon; ein Gibbon war da, der reichte uns jedes Mal alles, was er an Essbarem hatte, durchs Gitter. Nahmen wir es ihm ab, klatschte er über dem Kopf in seine langen Hände, fletschte die Zähne und torkelte wie betrunken im Käfig umher. Wir dachten zuerst, er machte sich über uns lustig; aber allmählich kamen wir dahinter, er verstellte sich nur, er wollte uns der Peinlichkeit des Almosenempfangens entheben.

Er sparte richtig für uns. Er hatte eine alte Konservenbüchse, in die tat er alles, was man ihm am Tag zu essen gegeben hatte, hinein. Wenn wir kamen, sah er sich jedes Mal erst besorgt um, ob uns auch niemand beobachten könnte; dann griff er in seine Büchse und reichte uns die erste Erdnuss, nachdem er sie sorgfältig am Brustfell sauber gerieben hatte, durchs Gitter.

Er wartete, bis wir eine Nuss aufgegessen hatten, darauf reichte er uns die nächste hinaus.

Es war mühsam, sich da nach ihm zu richten; aber er hatte wohl seine Gründe für diese umständliche Art, uns die Nüsse zu geben; und wir mochten ihn auch nicht beleidigen, denn er hatte Augen, so alt wie die Welt, und Vater sagte immer: „Wenn das stimmt mit der Seelenwanderung[1] und so, dann wäre es wohl das Beste, als Gibbon wiederzukommen."

Einmal fanden wir ein Portemonnaie mit zwanzig Pfennig drin. Erst wollten wir uns Brötchen kaufen; aber dann nahmen wir uns

[1] Einige Völker (z. B. in Indien) glauben daran, dass ein Lebewesen nach dem Tod als ein anderes Lebewesen (z. B. Fisch, Katze, Hund usw.) immer wieder neu geboren wird. Die Gestalt wechselt, die Seele bleibt erhalten.

Texte lesen und verstehen 7/8 Best.-Nr. 3-507-41764-2

Texte lesen und verstehen 7/8 Best.-Nr. 3-507-41764-2

zusammen und kauften dem Gibbon ein Viertelpfund Rosinen.

Er nahm die Tüte auch an. Er öffnete sie vorsichtig, roch behutsam am Inhalt, und darauf nahm er Rosine um Rosine heraus und legte sie achtsam in seine Konservenbüchse; und als wir am nächsten Tag kamen, reichte er uns das ganze Viertelpfund wieder, Rosine um Rosine, durchs Gitter, und uns blieb nichts weiter übrig, als sie zu essen; denn er war leicht zu verstimmen.

Einige Tage später war große Aufregung im Affenhaus. Der Zoodirektor war drin und schnauzte den Oberwärter an, und der Oberwärter schnauzte den Wärter an, und der Wärter schnauzte die Leute, die drum herumstanden, an und endlich kam raus: Die Käfigtür hatte offen gestanden und der Gibbon war weg.

Uns ging es gerade wieder ein bisschen besser an dem Tag; wir hatten zwei Mark mit Teppichklopfen verdient und dem Gibbon eine Banane gekauft. Wir liefen den ganzen Tag über herum und halfen dem Wärter ihn suchen – umsonst. Da vergruben wir die Banane im Tiergarten und schworen uns, sie auch beim ärgsten Hunger nicht auszugraben; sie sollte ein Opfer[2] sein; wir hofften damit zu erreichen, dass dem Gibbon kein Unglück passierte.

Am nächsten Tag waren wir wieder im Zoo; den Gibbon hatte niemand gesehen. Es suchte ihn auch schon gar keiner mehr; die Wärter sagten: „Der ist abgehauen in den Tiergarten rüber.“ Aber wir suchten trotzdem weiter nach ihm, allerdings nicht mehr sehr lange; wir waren zu traurig.

Den Rest des Tages saßen wir bloß vor seinem leeren Käfig und starrten hinein; und dann fing die Sonne an unterzugehen, und Vater sagte: „Komm, laufen wir noch ein bisschen herum.“

Der Abend war milde. Die Eingänge waren schon zu, aber wir kannten ein Loch in der Mauer hinter dem Verwaltungsgebäude, da konnte man durchkriechen. So hatten wir Zeit jetzt und sahen den Löwen zu, die zum Abendbrotnachtisch den Rost von den Käfigstangen leckten, und besuchten das Nilpferd, das schon in seinem gekachelten Stall war und, vom Lichtwiderschein einer nackten Glühbirne verschönt, vor einem Heufuder[3] stand und genüsslich auf einem Ampferhalm[4] kaute. Auf einmal hielt mich Vater am Arm fest. „Da –!“, sagte er heiser und nickte zu der Eichengruppe im Rentiergehege hinüber.

Man musste die Augen zukneifen, es war zu viel Abendrot-Gold in den Zweigen. Aber dann sah auch ich ihn: Dort hing er, an einem seiner langen Arme baumelnd, im Licht der schläfrigen Sonne und lauste sich wohlig. Wir sahen uns erst sorgfältig um, ob auch keiner der Wärter den Gibbon entdeckt hätte, dann stellten wir uns unter das überhängende Dach des Rentiergeheges und beobachteten ihn.

Das Abendrot mischte sich langsam mit Grau. Man hörte die S-Bahn vom Hochbahnhof rüber und die Seehunde jauchzen; ein Pfau kreiste fern, und auf der Marmorbüste des ersten Direktors saß eine Amsel mit einem sich krümmenden Regenwurm im Schnabel. Es roch nach Frühling, nach Raubtier und nach Benzin; die Luft war wie aus gläsernem Spinnweb gesponnen.

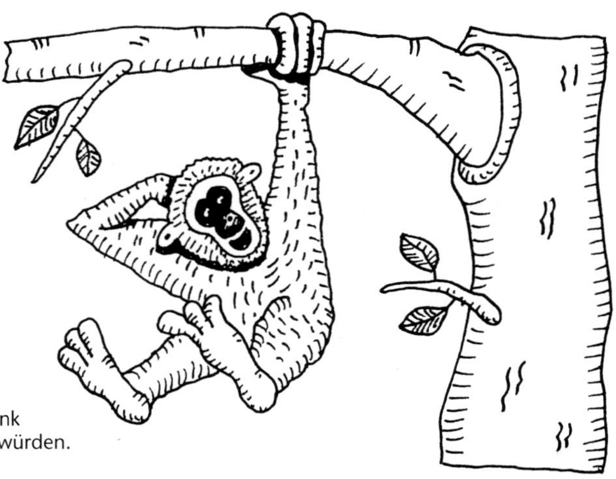

[2] Mit einem Opfer haben die Menschen früher den Göttern ein Geschenk gemacht in der Hoffnung, dass sie die Götter damit gnädig stimmen würden.
[3] Heuhaufen
[4] Ampfer: eine Kräuterart

Der Gibbon hatte seine Arbeit jetzt unterbrochen, er stand freihändig, die Arme ausgebreitet wie zögernde Flügel, auf seinem waagrechten Ast und hatte die flache Nase witternd zum Zenit[5] aufgehoben.
Plötzlich stieß er einen schnalzenden Freudenlaut aus, seine Spachtelhände griffen einen höheren Ast, er schwang sich einmal vor, einmal zurück, und dann flog er mit einem riesigen Satz zum Nachbarbaum rüber und von dem zum nächsten Baum hin; Vater und ich rannten aufgeregt mit.
Aber auf einmal blieben wir stehen, und ich dachte, das Herz ginge mir kaputt vor Schreck: Wieder flog der Gibbon jetzt durch die Luft, er wollte zu der Baumgruppe im Wildschweingehege hinüber. Aber er hatte sich in der Entfernung verschätzt, mitten im Sprung brach die Brücke seines Schwungs plötzlich ab; es sah aus, als stünde er einen Augenblick verloren und ratlos still in der Luft; dann stürzte er Hals über Kopf ins Wildschweingehege.
Ich wollte schreien, aber ich bekam keine Luft; da rannte ich Vater nach und half ihm, aufs Gitter zu steigen. Er wickelte sich oben den Mantel um den Arm, und dann sprang er hinab.
Es war höchste Zeit, schon standen drei ruppige Wildschweine um den Gibbon herum; sie grunzten böse, und eins, dem vier mächtige gelbe Hauer aus der Steckdosenschnauze ragten, hatte einen der langen Arme des Gibbon gepackt und zerrte an ihm.
Vater hielt sich den Mantelknäuel vor den Bauch und gab dem Wildschwein einen Tritt. Es bekam einen Schreck; es ließ den Gibbon los und sprang quiekend zur Seite. Vorsichtig hob Vater den Gibbon nun auf und zog sich im Zeitlupentempo mit ihm zum Gitter zurück.
Ich war raufgeklettert und nahm ihm den Leblosen ab; er war wie tot; ich wunderte mich, wie leicht er sich anhob.
Jetzt hatte sich das Wildschwein wieder gefasst, es gurgelte eine Beschimpfung und raste mit gesenktem Schädel auf Vater zu. Der duckte sich und sprang zur Seite, und der Kopf des Wildschweins krachte gegen das Gitter. Es war sehr benommen darauf, und die Pause, die es zum Nachdenken brauchte, benutzte Vater, um wieder rüberzukommen.
Nun rannten alle Wildschweine ans Gitter und hoben die Rüssel und beschimpften uns grunzend und sahen uns heimtückisch an.
„Tut mir Leid“, sagte Vater zu dem, das sich den Kopf gerammt hatte, „war leider nicht anders zu machen.“
Dann packten wir den Gibbon in Vaters Mantel ein und schlichen auf Umwegen zu dem Loch in der Mauer; wir wollten nicht gern gesehen werden, denn der Zooarzt war Veterinär[6], „und Pferdedoktoren“, sagte Vater, „die verstehen sich nun mal auf Affenseelen nicht gut“.
Doch es sah beinah so aus, als hätte der Gibbon seine Seele schon ausgehaucht. Als Vater ihn zu Hause aufs Bett legte, war nicht mal sein Atem zu spüren.
Vater horchte ihn ab.
Ich hielt so lange die Luft an, bis ich dachte, das Herz bliebe mir stehen. „Na –?“, fragte ich schließlich.
Vater richtete sich auf; er räusperte sich, seine Stimme klang heiser. „Er lebt“, sagte er dann.
Drei Tage lang machten wir kein Auge zu; wir saßen nur am Bett und krampften die Fäuste zusammen und schworen, dem Schicksal mindestens eine Mark einzugraben, wenn es den Gibbon wieder zu sich kommen ließe.

[5] höchster Punkt am Himmel
[6] Tierarzt

Texte lesen und verstehen 7/8 Best.-Nr. 3-507-41764-2

Am dritten Tag fing er dann auch an zu reden im Fieber; es war eine merkwürdige, sanfte und ans Zerbrechen von Gummibaumblättern erinnernde Sprache.
„Er redet vom Urwald“, sagte Vater, „und wohl auch von seinen Geschwistern und von den schmackhaften Käfern und Larven[7] und zarten Lianentrieben, die er zu Hause gegessen hat.“
Einmal wachte er auch auf und sah uns an. Er fletschte etwas die Zähne, aber wir waren nicht sicher, ob es ein Lächeln bedeutete. Immerhin, er nahm uns ein wenig Milch ab, und am nächsten Tag aß er sogar schon Kartoffelpüree mit geriebenen Mohrrüben drin. Er schien sich nichts gebrochen zu haben; nur seine Seele hatte den Sturz zu den Wildschweinen noch nicht überwunden; sie hatte wohl schon zu viel Freiheit gewittert und konnte sich nun nicht so recht damit abfinden, wieder gefangen zu sein. Auch die Stelle, an der ihn das Wildschwein gebissen hatte, begann ihm jetzt zu schaffen zu machen.
Zum Glück hatten wir bei der Apotheke Kredit; Vater legte dem Gibbon einen Verband an, und in den folgenden Tagen machten wir auch die ersten Gehversuche mit ihm. Wir nahmen ihn jeder an eine Hand und gingen langsam mit ihm im Zimmer umher. Das mochte er gern; er sah zu uns auf und fletschte die Zähne dazu. Aber er hielt nie lange durch, er war noch zu schwach; der Sturz musste wohl noch allerhand in ihm durcheinander geschüttelt haben.
Leider hatten wir nur in der Apotheke Kredit; die Lebensmittelgeschäfte borgten uns schon lange nichts mehr. Anfangs pumpten wir uns immer noch ein paar Pfennig zusammen und kauften wenigstens dem Gibbon noch was zu essen. Aber wir hatten auch Hunger.
Ein paar Mal gingen wir abwechselnd auf Froschjagd; die Frösche verkauften wir an das Seruminstitut[8] der Charité[9]; man kriegte da fünfzig Pfennig fürs Dutzend. Damit kamen wir ein bisschen weiter. Aber dann wollten sie eines Tages keine Frösche mehr haben, und da wussten wir, jetzt war es endgültig aus.
Vater versuchte es noch mal mit Teppichklopfen; doch die Zeit des Frühjahrs-Großreinemachens war endgültig vorbei, und zu was anderem taugten wir nicht.
Einmal war ich im Zoo, um dem Gibbon im Affenhaus ein paar Erdnüsse zu besorgen. Auf dem Rückweg erzählte mir der Mann an der Kasse, sie hätten eine Belohnung ausgesetzt: Wer den Gibbon zurückbrächte, der bekäme zwanzig Mark ausbezahlt.
Ich rannte nach Hause und erzählte es Vater. Vater saß auf dem Bettrand; seit wir dem Gibbon kein Obst und kein Gemüse mehr geben konnten, war er wieder kränklich geworden; seine langen Arme auf dem Deckbett sahen wie trockene Farnrispen aus, und seine alten Weltaugen blickten abwesend ins Leere.
„Schäm dich“, sagte Vater nach einer längeren Pause.
Ich schämte mich auch; aber in der Nacht kamen wir beide fast zur gleichen Zeit drauf zu sprechen; wir hatten einfach zu großen Hunger.

[7] Insekten sind zuerst Larven, ehe sie ihre endgültige Gestalt annehmen.
[8] Abteilung im Krankenhaus, wo Impfstoffe hergestellt werden; ein Serum wird bei bestimmten Krankheiten ins Blut gespritzt.
[9] Universitätsklinik in Berlin

Texte lesen und verstehen 7/8 Best.-Nr. 3-507-41764-2

Der Gibbon wusste genau, was ihm bevorstand, als wir ihn am nächsten Morgen dann einpackten. Er zog die Mundwinkel runter und ließ pausenlos den Kopf hin und her pendeln. Wir kannten diese Geste an ihm, sie bedeutete Trauer.

Nur mühsam bezwang ich mich, nicht zu heulen, und auch Vater begann schon zu schlucken.

Aber im Hausflur legte der Gibbon Vater plötzlich die langen Arme um den Hals, und da räusperte Vater sich, und wir machten wortlos kehrt und legten den Gibbon wieder ins Bett.

Doch in der Nacht fing er an, in seiner Blätterzerknacksprache zu reden, und da wussten wir, morgen musste er weg, er würde sonst sterben vor Hunger. …

(Aus: Wolfdietrich Schnurre: Als Vaters Bart noch rot war. Frankfurt/M. u. a.: Ullstein Verlag 1985. S. 20–25.)

Was ist Original, was Fälschung?

Version 1:

Ich war zu erledigt, um zum Zoo zu gehen; so sagte Vater ihnen Bescheid. Aber als er dann wiederkam und sagte, er hätte es wirklich getan, da hielt ich es nicht aus, dabei zu sein, wenn sie ihn holten; und ich lief weg und versteckte mich bis zum Abend.

Gegen sieben kam ich zurück.

Vater hatte schon eingekauft; er stand am Fenster und sah raus auf den Hof, wo in der abgestorbenen Ulme die Drossel ihr Abendlied sang.

„Iss“, sagte er.

„Und du –?“, fragte ich.

Vater sagte, er hätte schon.

Ich sah erst das Brot an, darauf die Wurst; von beidem war noch nichts abgeschnitten. Da trat ich neben ihn, und wir guckten eine Weile zusammen auf die Müllkästen runter.

„Am liebsten“, sagte ich, „würd’ ich’s vergraben.“

„Geht mir genauso“, sagte Vater.

Version 2:

Und wir hatten ja auch nichts mehr zu essen. Also ging ich am nächsten Tag zum Zoo und sagte den Wärtern, dass der Gibbon bei uns war. Damit wir keinen Ärger kriegten, sagte ich ihnen aber auch, dass wir ihn bloß mit nach Hause genommen hatten, um ihn nach dem Sturz ins Wildschweingehege wieder gesund zu machen. Sie staunten zwar etwas ungläubig, aber dann gaben sie mir doch die zwanzig Mark an der Kasse.

Mit dem Geld in der Tasche ging ich gleich in den nächsten Laden und kaufte ein: Brot, Wurst, Käse, Butter. Als ich nach Hause kam, hatte Vater schon den Tisch gedeckt. Ich packte die Sachen aus, und so konnten wir uns nach langer Zeit endlich mal wieder richtig satt essen.

Wir waren zwar ziemlich schweigsam beim Essen, weil wir den Gibbon doch irgendwie vermissten. Aber genau genommen war es so doch am besten. Außerdem konnten wir ihn ja weiter im Zoo besuchen.

Meine Entscheidung:

Ich bin der Meinung, dass Version ______ das Original ist.

Meine Begründung lautet:

____

____

____

Texte lesen und verstehen 7/8 Best.-Nr. 3-507-41764-2

Lösung der Hausaufgabe

Version 1 ist die Originalversion.
Begründung: In den vorangegangenen Textabschnitten wird deutlich, dass der Ich-Erzähler und sein Vater sehr traurig darüber wären, wenn sie den Gibbon in den Zoo zurückbringen müssten. Es ist daher nicht denkbar, dass sie anschließend ihr Essen genießen und es richtig finden, dass sie ihn zurückgebracht haben.

1. Lest euch gegenseitig noch einmal die folgenden Abschnitte vor:
Z. 18–67, Z. 133–177, Z. 193–251, Z. 291–308.
Überlegt, welche der Wörter sich auf den Gibbon und welche Wörter sich auf den Ich-Erzähler und/oder auf seinen Vater beziehen. Zeichnet um alle Wörter, die sich auf den Gibbon beziehen, mit einem bunten Filzstift einen Kreis.

Z. 18–67: wegnehmen – klatschen – Hände – torkeln – (sich) lustig machen – (sich) verstellen – sparen – besorgt – sorgfältig – warten – umständlich – finden – (sich) zusammennehmen – (etwas) annehmen – vorsichtig – riechen – behutsam – achtsam

Z. 133–177: Arbeit – unterbrechen – freihändig – Freudenlaut – rennen – stehen bleiben – denken – (sich) verschätzen – ratlos – stürzen – schreien – steigen – wickeln – springen – vorsichtig – (sich) zurückziehen – raufklettern – (sich) wundern

Z. 193–251: einpacken – schleichen – Seele – abhorchen – fragen – (sich) aufrichten – (sich) räuspern – heiser – schwören – reden – Sprache – Lächeln – essen – Freiheit – wittern – (sich) abfinden – Gehversuche – (etwas) gern mögen – schwach

Z. 291–308: wissen – einpacken – kennen – Geste – Trauer – mühsam – (sich) bezwingen – heulen – schlucken – (sich) räuspern – wortlos – reden – wissen

2. Welche der Wörter, die ihr eingekreist habt, werden normalerweise verwendet, um etwas **über Menschen** zu sagen? Zeichnet um diese Wörter noch einmal einen Kreis; nehmt diesmal einen schwarzen Filzstift.

3. Vervollständigt nun diese beiden Satzanfänge:

Wenn der Ich-Erzähler vom Gibbon erzählt, verwendet er häufig Wörter, …

____

Das zeigt, dass … ________________________________

____

Texte lesen und verstehen 7/8 Best.-Nr. 3-507-41764-2

4. Erklärt die Bedeutung der Überschrift („Der Verrat").
Hinweis: Das Wort „Verrat" stammt vom Verb „verraten". Das Verb „verraten" hat zwei Bedeutungen:

- Man kann *jemandem etwas verraten.* Dann erzählt man ihm etwas, das er vorher noch nicht gewusst hat, das gewissermaßen ein Geheimnis war.
- Man kann *jemanden verraten.* Dann sagt man anderen etwas über diese Person. Indem man dies tut, gibt man sie preis. Das ist ein Nachteil für diese Person.

Welche der beiden Bedeutungen ist in diesem Fall gemeint?

❑ jemandem ein Geheimnis verraten

❑ jemanden zu seinem Nachteil preisgeben

Begründet eure Entscheidung.

____

____

____

5. Welche Gefühle werden durch die Überschrift zum Ausdruck gebracht? Nennt zwei Gefühle, die der Ich-Erzähler empfinden könnte.

a) ____________________ b) ____________________

6. Schreibt auf, welche Gedanken der Ich-Erzähler am Schluss haben könnte:

- über sich selbst und über seinen Vater
- über den Gibbon.

Schreibt seine möglichen Gedanken in die Denkblasen.

über sich und seinen Vater

über den Gibbon

7. *Zusatzaufgabe:* Versuche dir vorzustellen, was für einen Gesichtsausdruck der Ich-Erzähler am Ende machen könnte. Zeichne sein Gesicht.

Texte lesen und verstehen 7/8 Best.-Nr. 3-507-41764-2

1. Diese Wörter beziehen sich auf den Gibbon:
Z. 18–67: klatschen, torkeln, Hände, (sich) lustig machen, (sich) verstellen, sparen, besorgt, sorgfältig, warten, umständlich, (etwas) annehmen, vorsichtig, behutsam, achtsam.
Z. 133–177: Arbeit, unterbrechen, freihändig, Freudenlaut, (sich) verschätzen, ratlos, stürzen.
Z. 193–251: Seele, reden, Sprache, Lächeln, essen, Freiheit, wittern, (sich) abfinden, Gehversuche, (etwas) gern mögen, schwach.
Z. 291–308: wissen, Geste, Trauer, reden.

2. Eigentlich könnte man fast alle Wörter verwenden, um etwas über Menschen zu sagen. Lediglich das Verb „wittern" und das Substantiv „Freudenlaut" wären nicht ganz passend.

3. **Wenn der Ich-Erzähler vom Gibbon erzählt, verwendet er häufig Wörter**, mit denen man normalerweise etwas über Menschen sagen würde. – **Das zeigt, dass** er in dem Gibbon einen Freund sieht. (Der Gibbon ist für ihn wie ein menschliches Wesen.)

4. Gemeint ist die zweite Bedeutung: **jemanden zu seinem Nachteil preisgeben**.
Begründung: Der Ich-Erzähler und sein Vater haben das Gefühl, den Affen verraten zu haben, weil sie dafür gesorgt haben, dass er in den Zoo zurückkommt, obwohl er ihr Freund ist. Allerdings ist dieser „Verrat" nicht wirklich von Nachteil für den Gibbon, denn er bekommt im Zoo wenigstens genug Futter, während er beim Ich-Erzähler und seinem Vater hungern müsste. Dass der Ich-Erzähler und sein Vater trotzdem einen Verrat darin sehen, hat damit zu tun, dass sie sich so einen Vorteil verschafft haben: die Belohnung.

5. Diese beiden Gefühle könnte der Ich-Erzähler empfinden: *Scham* und *Reue.*

6.

Wir haben den Gibbon bloß zurückgegeben, um die Belohnung zu kriegen. Das war gemein von uns. Er war unser Freund. Man verrät einen Freund nicht für Geld.

über sich und seinen Vater

Der Ärmste. Jetzt ist er wieder im Käfig gefangen. Dabei wäre er lieber bei uns geblieben. Bestimmt ist er jetzt enttäuscht von uns.

über den Gibbon

7. Das Gesicht des Ich-Erzählers muss traurig aussehen.

Texte lesen und verstehen 7/8 Best.-Nr. 3-507-41764-2

Hausaufgabe

Ordne die Teile des Gedichts so an, dass dir die Reihenfolge sinnvoll erscheint.

A Das dritte Mal sprang er hinunter, holte das Tier.
Nannte es Katze, weil ihm kein Name einfiel.

B Doch in der Nacht entsprang sie, drei Stockwerke tief
Und lief, nicht weit, nur dorthin, wo er sie
Gefunden hatte. Wo die Weidenschatten
Im Mondlicht wehten. An der alten Stelle
Flog sie von Stein zu Stein im rauhen Felle
Und schrie.

C Und die Katze war bei ihm sieben Tage lang.
Ihr Pelz war gesträubt, ließ sich nicht glätten.
Wenn er heimkam, abends, sprang sie ihm auf die Brust, ohrfeigte ihn.
Der Nerv ihres linken Auges zuckte beständig.
Sie sprang auf den Vorhang im Korridor, krallte sich fest
Schwang hin und her, daß die eisernen Ringe klirrten.

D Die Katze, die einer fand, in der Baugrube saß sie und schrie.
Die erste Nacht und die zweite, die dritte Nacht.

E Das erste Mal ging er vorüber, dachte an nichts
Trug das Geschrei in den Ohren, fuhr auf aus dem Schlaf.

F Er hatte ihr eine Kugel aus Silberpapier gemacht
Die sie lange gering schätzte. Aber am siebenten Tag
Legte sie sich auf die Lauer, schoß hervor
Jagte die silberne Kugel. Am siebenten Tag
Sprang sie auf seinen Schoß, ließ sich streicheln und schnurrte.

G Nach einer Weile waren seine Gardinen zerfetzt
Seine Küche lag voll von Abfall. Er tat nichts mehr
Las nicht mehr, spielte nicht mehr Klavier
Der Nerv seines linken Auges zuckte beständig.

H Das zweite Mal beugte er sich in die verschneite Grube
Lockte vergeblich den Schatten, der dort umherschlich.

I Alle Blumen, die er heimbrachte, fraß sie auf.
Sie stürzte die Vasen vom Tisch, zerfetzte die Blütenblätter.
Sie schlief nicht des Nachts, saß am Fuß seines Bettes
Sah ihn mit glühenden Augen an.

J Da kam er sich vor wie einer, der große Macht hat.
Er wiegte sie, bürstete sie, band ihr ein Band um den Hals.

Texte lesen und verstehen 7/8 Best.-Nr. 3-507-41764-2

Texte lesen und verstehen 7/8 Best.-Nr. 3-507-41764-2

Lösung der Hausaufgabe

Die richtige Reihenfolge lautet so: D – E – H – A – C – I – G – F – J – B.

D: erster Hinweis auf das, was geschehen wird (Anfang)
E: das erste Mal
H: das zweite Mal
A: das dritte Mal
C: Hinweis darauf, was in den nächsten sieben Tagen folgt
I: Aussagen über Schäden, die die Katze durch ihr Verhalten in der Wohnung anrichtet
G: Verhaltensänderungen des Mannes
F: Verhaltensänderungen der Katze (am siebenten Tag)
J: Reaktion des Mannes nach den Verhaltensänderungen der Katze
B: Reaktion der Katze auf diese Reaktion des Mannes: Sie verschwindet.

1. Welche Überschrift passt eurer Meinung nach am besten zum Gedicht? Trefft in der Gruppe eine einheitliche Entscheidung. Begründet eure Entscheidung.

- ❑ Der Mann ____________________
- ❑ Die Katze ____________________
- ❑ Die Katze und der Mann ____________________
- ❑ Der Mann und die Katze ____________________

2. Holt euch nun den Originaltext. Habt ihr das Original „getroffen"? Überlegt: Gibt der Gedichttext Hinweise darauf, welches die Originalüberschrift sein muss?

3. Welche der folgenden Eigenschaften treffen auf die Katze zu, welche auf ihn und welche auf beide? Kreuzt an. Wenn ihr der Meinung seid, dass eine Eigenschaft weder auf die Katze noch auf ihn zutrifft, klammert ihr sie ein.

trifft auf die Katze zu	**Eigenschaft**	**trifft auf ihn zu**
	aggressiv	
	aktiv	
	allein	
	besorgt	
	dankbar	
	eigensinnig	
	entgegenkommend	
	erfreut	
	freiheitsliebend	
	gepflegt	
	hilflos	
	namenlos	
	nervös	
	ruhig	
	schmutzig	
	träge	
	unabhängig	
	ungepflegt	
	verspielt	
	wild	
	zärtlich	

4. Markiert nun die Übereinstimmungen mit einem Leuchtstift. Schaut euch die Übereinstimmungen noch einmal genau an. Fällt euch etwas auf?

5. In Vers 28 heißt es: „Da kam er sich vor wie einer, der große Macht hat."
Was bedeutet das? Am besten stellt ihr euch nacheinander diese Fragen:

a) Wann hat jemand Macht über einen anderen?
b) Was bedeutet es für denjenigen, der Macht hat, und was bedeutet es für denjenigen, der dieser Macht unterworfen ist?
c) Was sagt der Satz in Vers 28 über den Mann aus?

Schreibt eure Überlegungen auf. Ihr könnt die folgenden Satzanfänge verwenden.

a) *Wenn jemand Macht über einen anderen hat, dann bedeutet das für ihn …*
b) *Wenn jemand der Macht eines anderen ausgesetzt ist, dann bedeutet das für ihn …*
c) *Der Satz in dem Gedicht bringt Folgendes zum Ausdruck: …*

6. Passt das Verhalten des Mannes eigentlich zu jemandem, der das Gefühl hat, über einen anderen Macht zu haben? Begründet eure Meinung.

7. Warum könnte die Katze aus dem Fenster gesprungen und weggelaufen sein? Bedenkt: Die Wohnung liegt immerhin im dritten Stock! Schreibt eure Überlegungen auf.

8. Wie könnte das Leben des Mannes weitergehen, nachdem die Katze weggelaufen ist? Stellt dazu Vermutungen an. Berücksichtigt dabei die Informationen, die das Gedicht über den Mann gibt. (Eure Vermutungen sollten dazu passen.)

9. Was glaubt ihr: Fühlt sich der Mann am Ende eher gut oder schlecht? Macht auf der folgenden Skala ein Kreuz. Begründet eure Entscheidung.

sehr schlecht … *sehr gut*

5 — 4 — 3 — 2 — 1 — 0 — 1 — 2 — 3 — 4 — 5

10. Und was glaubt ihr, wie sich die Katze fühlt? Kennzeichnet eure Entscheidung wieder durch ein Kreuz. Begründet eure Entscheidung wieder.

sehr schlecht … *sehr gut*

5 — 4 — 3 — 2 — 1 — 0 — 1 — 2 — 3 — 4 — 5

11. *Zusatzaufgabe:* Lässt sich das, was in diesem Gedicht über die Beziehung zwischen einem Menschen und einem Tier zum Ausdruck kommt, auf die Beziehung zwischen zwei Menschen – z. B. zwischen zwei Freunden – übertragen? Wie sähe eine solche Beziehung aus? Um diese Frage zu beantworten, kannst du auch eine Geschichte erzählen.

Texte lesen und verstehen 7/8 Best.-Nr. 3-507-41764-2

Die Katze

Marie Luise Kaschnitz

Die Katze, die einer fand, in der Baugrube saß sie und schrie.
Die erste Nacht und die zweite, die dritte Nacht.
Das erste Mal ging er vorüber, dachte an nichts
Trug das Geschrei in den Ohren, fuhr auf aus dem Schlaf.
Das zweite Mal beugte er sich in die verschneite Grube
Lockte vergeblich den Schatten, der dort umherschlich.
Das dritte Mal sprang er hinunter, holte das Tier.
Nannte es Katze, weil ihm kein Name einfiel.
Und die Katze war bei ihm sieben Tage lang.
Ihr Pelz war gesträubt, ließ sich nicht glätten.
Wenn er heimkam, abends, sprang sie ihm auf die Brust, ohrfeigte ihn.
Der Nerv ihres linken Auges zuckte beständig.
Sie sprang auf den Vorhang im Korridor, krallte sich fest
Schwang hin und her, daß die eisernen Ringe klirrten.
Alle Blumen, die er heimbrachte, fraß sie auf.
Sie stürzte die Vasen vom Tisch, zerfetzte die Blütenblätter.
Sie schlief nicht des Nachts, saß am Fuß seines Bettes
Sah ihn mit glühenden Augen an.
Nach einer Weile waren seine Gardinen zerfetzt
Seine Küche lag voll von Abfall. Er tat nichts mehr
Las nicht mehr, spielte nicht mehr Klavier
Der Nerv seines linken Auges zuckte beständig.
Er hatte ihr eine Kugel aus Silberpapier gemacht
Die sie lange gering schätzte. Aber am siebenten Tag
Legte sie sich auf die Lauer, schoß hervor
Jagte die silberne Kugel. Am siebenten Tag
Sprang sie auf seinen Schoß, ließ sich streicheln und schnurrte.
Da kam er sich vor wie einer, der große Macht hat.
Er wiegte sie, bürstete sie, band ihr ein Band um den Hals.
Doch in der Nacht entsprang sie, drei Stockwerke tief
Und lief, nicht weit, nur dorthin, wo er sie
Gefunden hatte. Wo die Weidenschatten
Im Mondlicht wehten. An der alten Stelle
Flog sie von Stein zu Stein im rauhen Felle
Und schrie.

(Aus: Marie Luise Kaschnitz: Neue Gedichte. Hamburg/Düsseldorf: Claassen Verlag 1957. [R])

Texte lesen und verstehen 7/8 Best.-Nr. 3-507-41764-2

Lösungen

1. und **2.** Die Originalüberschrift lautet: „**Die Katze**".

Die Originalüberschrift passt deshalb am besten, weil das Gedicht mit Aussagen über die Katze beginnt und endet. Am Anfang heißt es:

„**Die Katze**, die einer fand, in der Baugrube saß **sie** und schrie."
Und am Schluss heißt es:
„... An der alten Stelle
Flog **sie** von Stein zu Stein im rauhen Felle
Und schrie."

Das deutet darauf hin, dass die Katze im Mittelpunkt steht. Durch die (Original-)Überschrift wird dieser Eindruck bestätigt.

3. und **4.** Ihr müsstet hier eure Kreuze gemacht haben:

trifft auf die Katze zu	Eigenschaft	trifft auf ihn zu
x	aggressiv	
x	aktiv	
x	**allein**	x
	besorgt	x?
	(dankbar)	
x	eigensinnig	
	entgegenkommend	x?
	erfreut	x
x	freiheitsliebend	
	(gepflegt)	
	hilflos	x
x	**namenlos**	x
x	**nervös**	x
	(ruhig)	
x	**schmutzig**	x
	(träge)	
x	unabhängig	
x	**ungepflegt**	x
x	verspielt	
x	wild	
	zärtlich	x?

Hinweis: Es ist möglich, dass ihr noch mehr Kreuze gemacht habt. Dann solltet ihr euch darüber unterhalten, ob sie tatsächlich zum Text passen. Wenn ihr jetzt bei einem Kreuz nicht mehr ganz sicher seid, ergänzt ihr daneben ein **?**.

Die Gemeinsamkeiten betreffen nur Eigenschaften, die man als negativ bewerten würde: Beide sind *allein, namenlos, nervös, schmutzig* und *ungepflegt*. Es gibt allerdings einen Unterschied: Zwar sind beide am Anfang allein, und beide haben *keinen Namen*. Aber der Mann wird erst *nervös, schmutzig* und *ungepflegt,* als die Katze bei ihm in der Wohnung ist. Ihr Verhalten hat sich auf sein Verhalten ausgewirkt.

Texte lesen und verstehen 7/8   Best.-Nr. 3-507-41764-2

5. a) **Wenn jemand Macht über einen anderen hat, bedeutet das, dass** er aufgrund seiner Eigenschaften (z. B. körperliche Kraft) und/oder aufgrund seiner Position über andere bestimmen kann. Er kann deshalb seine Wünsche und Ziele gegenüber dem anderen durchsetzen.

b) **Wenn jemand der Macht eines anderen ausgesetzt ist, bedeutet das für ihn, dass** er in der schwächeren Position ist. Er muss tun, was der andere von ihm verlangt, weil er von ihm abhängig ist, und er kann nicht frei entscheiden. Das bedeutet, dass er nicht so handeln kann, wie es seinen Bedürfnissen entspricht, sondern so, wie der Stärkere es von ihm erwartet oder verlangt.

c) **Der Satz bringt zum Ausdruck, dass** der Mann sich stark fühlt; er scheint zu glauben, dass er über die Katze bestimmen kann und dass sie tut, was er von ihr verlangt. Das zeigt aber auch, dass er sich gar nicht für die Bedürfnisse der Katze interessiert.

6. Eigentlich passt sein Verhalten nicht dazu, denn er führt sich nicht so auf, wie man es von jemandem erwartet, der Macht über jemanden hat: Er streichelt die Katze, schmückt sie (bindet ihr ein Band um) usw. Das wirkt eigentlich nicht so, als wollte er sie beherrschen.

7. Sie scheint sich nicht wohl zu fühlen. Sie will anscheinend lieber frei und unabhängig leben, als dass sie bereit wäre, sich unterzuordnen. Offenbar nimmt sie lieber härtere Bedingungen in Kauf (draußen zu leben, sich selbst um ihre Nahrung kümmern zu müssen), als dass sie die Erwartungen des Mannes erfüllt.

8. Wahrscheinlich wird er seine Wohnung wieder in Ordnung bringen, wahrscheinlich wird er wieder lesen und Klavier spielen. Denn das hat er getan, bevor die Katze bei ihm war.

9. Er wird sich eher schlecht fühlen. Dass die Katze weggelaufen ist, muss eine Enttäuschung für ihn gewesen sein. Euer Kreuz könntet ihr hier gemacht haben:

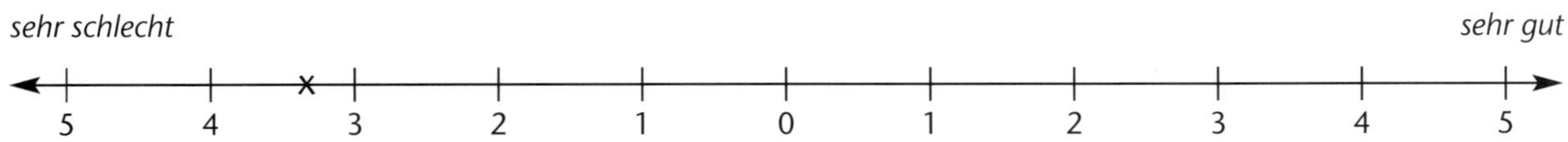

10. Auch die Katze wird sich eher schlecht fühlen, denn es heißt, dass sie „schrie". Es liegt daher nahe, das Kreuz ähnlich zu setzen wie bei dem Mann.

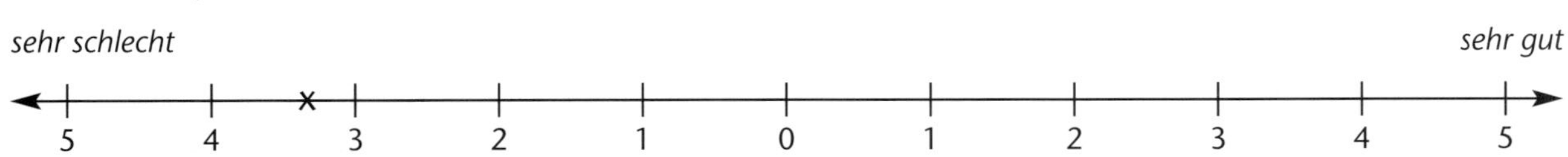

11. Eine ähnliche Beziehung zwischen zwei Menschen sähe so aus: Der eine erwartet von dem anderen, dass er sich so verhält, wie es seinen Vorstellungen entspricht. Er nimmt keine Rücksicht auf die Bedürfnisse des anderen. Zum Beispiel könnte er darüber bestimmen wollen, was der andere in seiner Freizeit macht, wie er sich kleidet, wann er morgens aufsteht, was er isst (und wann) usw.

Texte lesen und verstehen 7/8 Best.-Nr. 3-507-41764-2

Hund

Hausaufgabe

Lies die folgende Kurzgeschichte genau durch. Unterstreiche anschließend alle Textstellen, in denen von den **Gefühlen** des Matrosen Senter die Rede ist. Achtung: Gefühle können sowohl durch **Nomen** (Substantive) ausgedrückt werden (z. B. „Freude") als auch durch **Adjektive** (z. B. „erstaunt") und **Verben** (z. B. „trauern"). Überlege anschließend: Welches Gefühl ist deiner Meinung nach bei Senter vorherrschend?

Der Retter *William M. Harg*

1 Der Schoner[1] „Christoph" ging so sanft unter, dass Senter, der einzige Mann am Ausguck, nichts empfand als Staunen über das Meer, das zu ihm emporstieg. Im nächsten Augenblick war er klatschnass, das Wasser schlug über ihm zusammen, und das Takelwerk[2], an das er sich klammerte, zog ihn in die Tiefe. Also ließ er es los.

2 Senter schwamm benommen und verwirrt, wie ein Mensch, dessen Welt plötzlich versunken ist. Mit einem Mal hob sich, wie aus der Kanone geschossen, eine Planke mit einem Ende aus dem Wasser und fiel mit Dröhnen zurück. Er schwamm darauf zu und ergriff sie. Er sah, dass noch etwas auftauchte, und das musste einer seiner acht Kameraden sein. Als aber der Kopf sichtbar wurde, war es nur der Hund.

3 Senter mochte den Hund nicht, und da er erst so kurze Zeit zur Bemannung gehörte, erwiderte das Tier seine Abneigung. Aber jetzt hatte es die Planke erblickt. Es mühte sich ab, sie zu erreichen, und legte die Vorderpfoten darauf. Dadurch sank das eine Ende tiefer ins Wasser. Senter überkam die furchtbare Angst, sie könnte ganz untergehen. Er zog verzweifelt an seinem Ende: Die Pfoten des Hundes rutschten ab, und er versank.

4 Aber der Hund kam wieder hoch, und wieder schwamm er schweigend, ohne Hass oder Nachträglichkeit, zur Planke zurück und legte seine Pfoten darauf. Wieder zog Senter an seinem Ende, und wieder versank der Hund. Das wiederholte sich ein Dutzend Mal, bis Senter, vom Ziehen ermüdet, mit Entsetzen und Verzweiflung erkannte, dass der Hund es länger aushalten konnte als er.

5 Senter wollte nicht mehr an das Tier denken. Er stützte die Ellenbogen auf die Planke und hob sich, soweit es ging, aus dem Wasser empor, um sich umzusehen. Der Schrecken seiner Lage überwältigte ihn. Er war Hunderte von Meilen vom Land entfernt. Selbst unter den günstigsten Umständen konnte er kaum hoffen, aufgefischt zu werden. Mit Verzweiflung sah er, was ihm bevorstand. Er würde sich einige Stunden lang an der Planke festhalten können – nur wenige Stunden. Dann würde sich sein Griff vor Erschöpfung lösen, und er würde versinken.

6 Dann fiel sein Blick auf die geduldigen Augen des Hundes. Wut erfüllte ihn, weil der Hund offenbar nicht begriff, dass sie beide sterben mussten. Seine Pfoten lagen am Rande der Planke. Dazwischen hatte er die Schnauze gestützt, sodass die Nase aus dem Wasser ragte und atmen konnte. Sein Körper war nicht angespannt, sondern trieb ohne

[1] größeres Segelboot mit mindestens zwei Masten
[2] alle Masten und Segel mitsamt den Tauen

Texte lesen und verstehen 7/8 Best.-Nr. 3-507-41764-2

Anstrengung auf dem Wasser. Er war nicht aufgeregt wie Senter. Er spähte nicht nach einem Schiff, dachte nicht daran, dass sie kein Wasser hatten, machte sich nicht klar, dass sie bald in ein nasses Grab versinken mussten. Er tat ganz einfach, was im Augenblick getan werden musste.

7 In der halben Stunde, seit sie sich beide an der Planke festhielten, war Senter bereits ein Dutzend Mal gestorben. Aber der Hund würde nur einmal sterben. Plötzlich war es Senter klar: Wenn er selbst zum letzten Mal ins Wasser rutschte, würde der Hund noch immer oben liegen. Er wurde böse, als er das begriff, und er zog sich die Hosen aus und band sie zu einer Schlinge um die Planke. Und er triumphierte, denn er wusste: So konnte er es länger aushalten. Dann aber warf er einen Blick auf die See, und Entsetzen erfasste ihn aufs Neue. Schnell sah er den Hund an und versuchte, so wenig an die Zukunft zu denken wie das Tier.

8 Am Nachmittag des zweiten Tages fingen die Pfoten des Hundes an, von der Planke abzurutschen. Mehrere Male schwamm er mit Anstrengung zurück, aber jedes Mal war er schwächer. Jetzt wusste Senter, dass der Hund ertrinken musste, obwohl er es selbst noch nicht ahnte. Aber er wusste auch, dass er ihn nicht entbehren konnte. Ohne diese Augen, in die er blicken konnte, würde er an die Zukunft denken und den Verstand verlieren. Er zog sich das Hemd aus, schob sich vorsichtig auf der Planke vorwärts und band die Pfoten des Tieres fest.

9 Am vierten Abend kam ein Frachter[3] vorüber. Seine Lichter waren abgeblendet. Senter schrie mit heiserer, sich überschlagender Stimme, so laut er konnte. Der Hund bellte schwach. Aber auf dem Dampfer bemerkte man sie nicht. Als er vorüber war, ließ Senter in seiner Verzweiflung und Enttäuschung nicht ab zu rufen. Aber als er merkte, dass der Hund aufgehört hatte zu bellen, hörte auch er auf zu rufen. Danach wusste er nicht mehr, was geschah, ob er lebendig war oder tot. Aber immer suchten seine Augen die Augen des Hundes.

10 Der Arzt der Zerstörers[4] „Vermont“[5], der zur Freude und Aufregung der Mannschaft einen jungen Kameraden und einen Hund auf der See entdeckt und sie hatte auffischen lassen, schenkte den abgerissenen Fieberfantasien des jungen Menschen keinen Glauben. Denn danach hätten die beiden sechs Tage lang auf dem Wasser getrieben, und das war offenbar unmöglich. Er stand an der Koje und betrachtete den jungen Seemann, der den Hund in den Armen hielt, sodass eine Decke sie beide wärmte. Man hatte ihn erst beruhigen können, als auch der Hund gerettet war. Jetzt schliefen beide friedlich. „Können Sie das verstehen“, fragte der Arzt einen neben ihm stehenden Offizier, „warum in aller Welt ein junger Bursche, der den gewissen Tod[6] vor Augen sah, sich solche Mühe gab, das Leben eines Hundes zu retten?“

(Aus: H. B. Wagenseil (Hrsg.): Erzähler von drüben. Übers. v. H. B. Wagenseil. Wiesbaden: Limes-Verlag 1946. © by Limes Verlag in der F. A. Herbig Verlagsbuchhandlung GmbH, München. Übersetzung von Kurt Wagenseil.)

Dieses Gefühl ist meiner Meinung nach vorherrschend: ____________________

[3] Schiff, das Güter transportiert
[4] Kampfschiff der Marine
[5] Name des Zerstörers (der Name bezeichnet auch einen Staat der USA)
[6] gemeint ist: den sicheren Tod

Texte lesen und verstehen 7/8 Best.-Nr. 3-507-41764-2

Lösung der Hausaufgabe

An diesen Textstellen ist von Gefühlen die Rede:

1. **Absatz:** …, dass Senter … nichts empfand als **Staunen** über das Meer …
2. **Absatz:** Senter schwamm **benommen** und **verwirrt** …
3. **Absatz:** Senter **mochte** den Hund **nicht** … – Senter überkam die **furchtbare Angst**, … Er zog **verzweifelt** an seinem Ende … seine **Abneigung**
4. **Absatz:** … bis Senter, vom Ziehen **ermüdet**, mit **Entsetzen** und **Verzweiflung** erkannte, …
5. **Absatz:** Der **Schrecken** seiner Lage überwältigte ihn. – … **konnte** er **kaum hoffen**, … – Mit **Verzweiflung** sah er, … – Dann würde sich sein Griff vor **Erschöpfung** lösen, …
6. **Absatz:** **Wut** erfüllte ihn, … – Er (der Hund) war nicht **aufgeregt** wie Senter.
7. **Absatz:** Er **wurde böse**, … – Und er **triumphierte**, … – … **Entsetzen** erfasste ihn …
9. **Absatz:** … ließ Senter in seiner **Verzweiflung** und **Enttäuschung** nicht ab zu rufen.
10. **Absatz:** Man hatte ihn erst **beruhigen** können, … – Jetzt schliefen beide **friedlich**.

Vorherrschend ist das Gefühl der **Verzweiflung**.

1. Gibt es noch weitere Gefühle, die zu Senter passen würden, von denen im Text aber nicht ausdrücklich die Rede ist? Schreibt die Gefühle, die eurer Meinung nach auch zu Senter passen, neben der entsprechenden Textstelle an den rechten Rand.

2. Welche Gefühle scheint der Hund nicht zu kennen?

3. An einer bestimmten Stelle merkt Senter, dass der Hund sich ähnlich fühlt wie er selbst (oder sogar schlechter). Um welches Gefühl handelt es sich?

4. Was hat Senter nach und nach verstanden – und wie zeigt sich das in seinem Handeln dem Hund gegenüber?

5. Lest euch den 9. Absatz noch einmal genau durch. Wie sehr hat Senter zu diesem Zeitpunkt die Hoffnung auf eine mögliche Rettung aufgegeben? Trefft eine Entscheidung: Senter hofft zu diesem Zeitpunkt noch so auf seine Rettung:

- ❑ Er hat gar keine Hoffnung mehr.
- ❑ Er hat noch ein ganz klein wenig Hoffnung.
- ❑ Er hat noch etwas Hoffnung.
- ❑ Er ist ein bisschen zuversichtlich.
- ❑ Er ist noch recht zuversichtlich.
- ❑ Er ist sehr zuversichtlich.

Texte lesen und verstehen 7/8 Best.-Nr. 3-507-41764-2

6. Wie entwickeln sich Angst und Verzweiflung bei Senter? Trefft für jeden Absatz eine Entscheidung. Macht an den entsprechenden Stellen Kreuze. (*Achtung:* In manchen Absätzen könnt ihr mehrere Kreuze machen!) Verbindet zum Abschluss alle eure Kreuze zu einer Kurve.

Sehr starke Verzweiflung

▲

Absatz 1	*Absatz 2*	*Absatz 3*	*Absatz 4*	*Absatz 5*	*Absatz 6*	*Absatz 7*	*Absatz 8*	*Absatz 9*

▼

Eher geringe Verzweiflung

7. Zwischen Absatz 9 und Absatz 10 gibt es eine Lücke. Wie viel Zeit ist in der Zwischenzeit vergangen?

- ❑ ein Tag
- ❑ zwei Tage
- ❑ drei Tage
- ❑ vier Tage

8. Die Überschrift heißt: „Der Retter“. Überlegt: Auf wen bezieht sich die Überschrift?

- ❑ auf Senter
- ❑ auf den Hund
- ❑ auf Senter und auf den Hund
- ❑ auf den Schiffsarzt

Begründet eure Meinung:

9. Schaut euch noch einmal den *dritten* und den *letzten* Absatz an. Zeichnet zu jedem Absatz ein Bild, das zeigt, wie Senters Beziehung zu dem Hund hier aussieht.

Senter und der Hund (im dritten Absatz)	Senter und der Hund (im letzten Absatz)

10. *Zusatzaufgabe:* Erkläre, wie es zu dieser Wandlung gekommen ist.

1. Senter ist **enttäuscht**, als er feststellt, dass es „nur" der Hund ist, der das Schiffsunglück überlebt hat (Absatz 2), und er ist **neidisch** auf den Hund, weil er glaubt, dass der Hund es länger im Wasser aushalten wird als er selbst (Absatz 4). Außerdem empfindet er **Hoffnungslosigkeit**, weil er kaum an seine Rettung glaubt (Absatz 5), und er empfindet **Todesangst** (vor allem in Absatz 5, 6 und 7).

2. Der Hund scheint **keine Hoffnungslosigkeit**, **keine Verzweiflung** und **keine Todesangst** zu empfinden. Aber er empfindet auch **keine Wut** und **keinen Neid**.

3. Es ist das Gefühl der **Erschöpfung**.

4. Senter hat verstanden, dass er den Hund braucht, um länger durchhalten zu können. Deshalb zieht er sein Hemd aus und bindet den Hund damit an der Planke fest.

5. Senter hat jetzt eigentlich **gar keine Hoffnung** mehr. Das zeigt sich darin, dass er aufhört zu schreien. Möglich ist aber auch, dass er **noch ein ganz klein wenig Hoffnung** hat, denn sonst würde er ganz aufgeben und die Planke loslassen.

6.

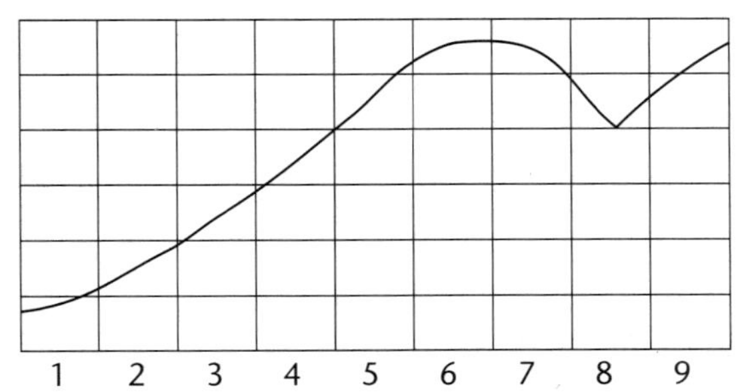

7. **Zwei Tage** müssen vergangen sein, denn der Schiffsarzt sagt, dass Senter und der Hund sechs Tage im Wasser getrieben haben müssen, wenn die „Fieberfantasien des jungen Menschen" zutreffen sollten. Als der Frachter vorbeikommt, ist es der Abend des vierten Tages.

8. Die Überschrift muss sich **auf den Hund** beziehen, denn Senter weiß, dass er ohne ihn nicht überlebt hätte. Andererseits hätte der Hund ohne Senter auch nicht überlebt, denn Senter hat ihn an der Planke festgebunden. Und ohne den Schiffsarzt wären beide nicht gerettet worden. Aber der Hund scheint für die Rettung doch am wichtigsten gewesen zu sein.

9.

3. Absatz

letzter Absatz

10. Senter ist dem Hund dankbar, weil er ihn als Retter ansieht.

Texte lesen und verstehen 7/8 Best.-Nr. 3-507-41764-2

Hausaufgabe

Lies die Kurzgeschichte „Nachts schlafen die Ratten doch" von Wolfgang Borchert. Male immer dann, wenn von einer Farbe die Rede ist, mit einem passenden Filzstift einen entsprechenden Farbklecks an den rechten Rand.

Hinweis: Wenn von der Farbe Weiß die Rede ist, kannst du das darstellen, indem du einen unausgefüllten Kreis in die rechte Spalte zeichnest. Wenn allgemein von dunklen Farben die Rede ist, ohne dass eine bestimmte Farbe genannt wird, kannst du für deinen Farbklecks ein dunkles Grau wählen.

Nachts schlafen die Ratten doch *Wolfgang Borchert*

Das hohle Fenster in der vereinsamten Mauer gähnte blaurot voll früher Abendsonne. Staubgewölke flimmerten zwischen den steil gereckten Schornsteinresten. Die Schuttwüste döste.

Er hatte die Augen zu. Mit einmal wurde es noch dunkler. Er merkte, dass jemand gekommen war und nun vor ihm stand, dunkel, leise. Jetzt haben sie mich! dachte er. Aber als er ein bisschen blinzelte, sah er nur zwei etwas ärmlich behoste Beine. Die standen ziemlich krumm vor ihm, dass er zwischen ihnen hindurchsehen konnte. Er riskierte ein kleines Geblinzel an den Hosenbeinen hoch und erkannte einen älteren Mann. Der hatte ein Messer und einen Korb in der Hand. Und etwas Erde an den Fingerspitzen.

Du schläfst hier wohl, was? fragte der Mann und sah von oben auf das Haargestrüpp herunter. Jürgen blinzelte zwischen den Beinen des Mannes hindurch in die Sonne und sagte: Nein, ich schlafe nicht. Ich muss hier aufpassen. Der Mann nickte: So, dafür hast du wohl den großen Stock da?

Ja, antwortete Jürgen mutig und hielt den Stock fest.

Worauf passt du denn auf?

Das kann ich nicht sagen. Er hielt die Hände fest um den Stock. Wohl auf Geld, was? Der Mann setzte den Korb ab und wischte das Messer an seinem Hosenboden hin und her.

Nein, auf Geld überhaupt nicht, sagte Jürgen verächtlich. Auf ganz etwas anderes.

Na, was denn?

Ich kann es nicht sagen. Was anderes eben.

Na, denn nicht. Dann sage ich dir natürlich auch nicht, was ich hier im Korb habe. Der Mann stieß mit dem Fuß an den Korb und klappte das Messer zu.

Pah, kann mir denken, was in dem Korb ist, meinte Jürgen geringschätzig, Kaninchenfutter.

Donnerwetter, ja! sagte der Mann verwundert, bist ja ein fixer Kerl. Wie alt bist du denn?

Neun.

Oha, denk mal an, neun also. Dann weißt du ja auch, wie viel drei mal neun sind, wie?

Klar, sagte Jürgen und um Zeit zu gewinnen sagte er noch: Das ist ja ganz leicht. Und er sah durch die Beine des Mannes hindurch. Drei mal neun, nicht? fragte er noch mal, siebenundzwanzig. Das wusste ich gleich.

Stimmt, sagte der Mann, genau so viel Kaninchen habe ich.

Texte lesen und verstehen 7/8 Best.-Nr. 3-507-41764-2

Jürgen machte einen runden Mund: Siebenundzwanzig?

Du kannst sie sehen. Viele sind noch ganz jung. Willst du?

Ich kann doch nicht. Ich muss doch aufpassen, sagte Jürgen unsicher.

Immerzu? fragte der Mann, nachts auch?

Nachts auch. Immerzu. Immer. Jürgen sah an den krummen Beinen hoch. Seit Sonnabend schon, flüsterte er.

Aber gehst du denn gar nicht nach Hause? Du musst doch essen.

Jürgen hob einen Stein hoch. Da lag ein halbes Brot. Und eine Blechschachtel.

Du rauchst? fragte der Mann, hast du denn eine Pfeife?

Jürgen fasste den Stock fest an und sagte zaghaft: Ich drehe. Pfeife mag ich nicht.

Schade, der Mann bückte sich zu seinem Korb, die Kaninchen hättest du ruhig mal ansehen können. Vor allem die Jungen. Vielleicht hättest du dir eines ausgesucht. Aber du kannst hier ja nicht weg.

Nein, sagte Jürgen traurig, nein, nein.

Der Mann nahm den Korb und richtete sich auf. Na ja, wenn du hier bleiben musst – schade. Und er drehte sich um. Wenn du mich nicht verrätst, sagte Jürgen schnell, es ist wegen den Ratten.

Die krummen Beine kamen einen Schritt zurück: Wegen den Ratten?

Ja, die essen doch von Toten. Von Menschen. Da leben sie doch von.

Wer sagt das?

Unser Lehrer.

Und du passt nun auf die Ratten auf? fragte der Mann.

Auf die doch nicht! Und dann sagte er ganz leise: Mein Bruder, der liegt nämlich da unten. Da. Jürgen zeigte mit dem Stock auf die zusammengesackten Mauern. Unser Haus kriegte eine Bombe. Mit einmal war das Licht weg im Keller. Und er auch. Wir haben noch gerufen. Er war viel kleiner als ich. Erst vier. Er muss hier ja noch sein. Er ist doch viel kleiner als ich.

Der Mann sah von oben auf das Haargestrüpp. Aber dann sagte er plötzlich: Ja, hat euer Lehrer euch denn nicht gesagt, dass die Ratten nachts schlafen?

Nein, flüsterte Jürgen und sah mit einmal ganz müde aus, das hat er nicht gesagt.

Na, sagte der Mann, das ist aber ein Lehrer, wenn er das nicht mal weiß. Nachts schlafen die Ratten doch. Nachts kannst du ruhig nach Hause gehen. Nachts schlafen sie immer. Wenn es dunkel wird, schon.

Jürgen machte mit seinem Stock kleine Kuhlen in den Schutt. Lauter kleine Betten sind das, dachte er, alles kleine Betten. Da sagte der Mann (und seine krummen Beine waren ganz unruhig dabei): Weißt du was? Jetzt füttere ich schnell meine Kaninchen und wenn es dunkel wird, hole ich dich ab. Vielleicht kann ich eins mitbringen. Ein kleines, oder, was meinst du?

Jürgen machte kleine Kuhlen in den Schutt. Lauter kleine Kaninchen. Weiße, graue, weißgraue. Ich weiß nicht, sagte er leise und sah auf die krummen Beine, wenn sie wirklich nachts schlafen.

Der Mann stieg über die Mauerreste weg auf die Straße. Natürlich, sagte er von da, euer Lehrer soll einpacken, wenn er das nicht mal weiß.

Da stand Jürgen auf und fragte: Wenn ich eins kriegen kann? Ein weißes vielleicht?

Ich will mal versuchen, rief der Mann schon im Weggehen, aber du musst hier so lange warten. Ich gehe dann mit dir nach Hause, weiß du? Ich muss deinem Vater doch sagen, wie so ein Kaninchenstall gebaut wird. Denn das müsst ihr ja wissen.

Ja, rief Jürgen, ich warte. Ich muss ja noch aufpassen, bis es dunkel wird. Ich warte

Texte lesen und verstehen 7/8 Best.-Nr. 3-507-41764-2

bestimmt. Und er rief: Wir haben auch noch Bretter zu Hause. Kistenbretter, rief er. Aber das hörte der Mann schon nicht mehr. Er lief mit seinen krummen Beinen auf die Sonne zu. Die war schon rot vom Abend und Jürgen konnte sehen, wie sie durch die Beine hindurchschien, so krumm waren sie. Und der Korb schwenkte aufgeregt hin und her. Kaninchenfutter war da drin. Grünes Kaninchenfutter, das war etwas grau vom Schutt.

(Aus: Wolfgang Borchert: Das Gesamtwerk. Reinbek bei Hamburg: Rowohlt Verlag 1991. S. 216–219.)

Schau dir die Verteilung deiner Farbkleckse einmal genau an. Fällt dir etwas auf?

____

Hausaufgabe

Lies jetzt den Lexikontext über Ratten. Suche nach zwei oder drei Textstellen, die für das Verständnis der Kurzgeschichte von Bedeutung sein könnten. Unterstreiche sie.

Was das Lexikon über Ratten sagt

Ratten (Rattus): Gattung der Echtmäuse mit zahlreichen ursprünglich ost- und südostasiatischen Arten; Körperlänge etwa 10–30 cm, Schwanz meist länger. Viele Ratten sind äußerst anpassungsfähig und extrem wenig spezialisiert, daher sind einige Arten heute weltweit verbreitet. Ratten besiedeln Lebensräume jeglicher Art. Verschiedene Ratten sind gefürchtete Vorratsschädlinge und Überträger von Krankheiten (z. B. Pest). Die meisten Ratten sind ausgeprägte Allesfresser. Einheimische Arten sind die Hausratte und die Wanderratte. Die **Hausratte** (Dachratte, Rattus rattus) hat eine Körperlänge von 16–23 cm; der Schwanz ist stets über körperlang. Der Kopf ist ziemlich schmal mit relativ großen Ohren; Färbung grauschwarz bis braungrau mit wenig aufgehellter bis weißer Unterseite; in kühlen Zonen meist eng an menschliche Siedlungen gebunden (oft auch auf Schiffen: Schiffsratten). – Von den zahlreichen Unterarten sind am bekanntesten: Siedlungshausratten (Rattus rattus rattus); in Mitteleuropa sehr stark an Gebäude gebunden; grauschwarz mit etwas hellerer Bauchseite; Fruchtratte (Rattus rattus frugivorus); braungrau mit weißer Unterseite, in Gebäuden und frei lebend; Alexandriner Hausratte (Rattus rattus alexandrinus): braungrau mit grauer Unterseite. Die fast rein dämmerungs- und nachtaktive Hausratte lebt gesellig. Sie gräbt kaum, andererseits klettert und springt sie sehr gut. Sie bewohnt die obersten Gebäudeteile (besonders Speicher). – Die **Wanderratte** (Rattus norvegicus) hat eine Körperlänge von etwa 22–30 cm, Schwanz 18–22 cm, Ohren kurz; Färbung meist dunkelgraubraun mit weißlichgrauer Unterseite, auch dunkel schieferfarben bis fast schwarz mit braungrauer Unterseite; vorwiegend an und in menschlichen Siedlungen (auch in Gebäuden), aber auch völlig frei lebend (vor allem an Gewässern, Gräben, Mülldeponien u. Ä.); geselliger, vorwiegend dämmerungs- und nachtaktiver Allesfresser (auch räuberisch und zuweilen kannibalisch), der sehr gut schwimmen und springen kann.

(Aus: Meyers großes Taschenlexikon. Bd. 18. Bibliographisches Institut AG, Mannheim 1983, S. 89.)

Texte lesen und verstehen 7/8 Best.-Nr. 3-507-41764-2

Texte lesen und verstehen 7/8 Best.-Nr. 3-507-41764-2

Lösung der Hausaufgabe

- Am Anfang werden fast nur trübe oder dunkle Farben erwähnt (grau, blaurot); am Schluss werden auch klare und leuchtende Farben erwähnt (grün, rot).
- Die Textstellen im Lexikonartikel lauten: „Die meisten Ratten sind ausgeprägte Allesfresser." – „Die fast rein dämmerungs- und nachtaktive Hausratte …" – „… vorwiegend dämmerungs- und nachtaktiver Allesfresser (auch räuberisch und zuweilen kannibalisch) …"

1. Kreuzt die zutreffenden Aussagen an:

Die Kurzgeschichte spielt:

- ❑ nach einem Erdbeben
- ❑ nach einer Explosion
- ❑ im Krieg oder in der Nachkriegszeit
- ❑ nach einem schweren Unfall
- ❑ nach einem Unwetter

Diese Personen sind besonders wichtig:

- ❑ Jürgen
- ❑ Jürgens Vater
- ❑ Jürgens Bruder
- ❑ Jürgens Lehrer
- ❑ der ältere Mann

2. Wer erzählt Jürgen die *Wahrheit über Ratten* – sein Lehrer oder der ältere Mann?

3. Nachdem der ältere Mann gesagt hat, Ratten würden nachts schlafen, fügt er noch hinzu: „Wenn es dunkel wird, schon." Habt ihr eine Erklärung dafür, warum er diese Worte hinzufügt?

4. Ergänzt die beiden Satzanfänge:

Der Lehrer will (anscheinend), dass ______________________________

____

Der ältere Mann will (anscheinend), dass __________________________

____

5. Welche der folgenden Adjektive treffen auf Jürgens Verhalten zu? Schneidet die Adjektive aus und klebt sie rechts neben die entsprechende Textstelle.

ZÖGERND | MISSTRAUISCH | ZWEIFELND

TROTZIG | ENTSCHLOSSEN | FRÖHLICH | TRAURIG

ERSCHROCKEN | ÄNGSTLICH | ERSTAUNT | MUTIG

EMPÖRT | NACHDENKLICH | VERÄCHTLICH

VERSCHLOSSEN | MÜDE | ERFREUT | MUNTER

NEUGIERIG | BITTEND | UNSICHER | ERSCHÖPFT

6. Wie viel Trostlosigkeit und wie viel Hoffnung kommen in der Kurzgeschichte zum Ausdruck? Füllt die Felder entsprechend aus. (Je mehr Felder ihr ausfüllt, um so mehr an Trostlosigkeit bzw. an Hoffnung kommt zum Ausdruck.) Berücksichtigt bei eurer Entscheidung auch eure Ergebnisse zur allerersten Aufgabe (Markierung der Farben am Rand).

Trostlosigkeit:

Hoffnung:

Begründet eure Entscheidung.

7. Es wird nur erzählt, was Jürgen sagt, nicht aber, was er denkt. Wählt vier Stellen aus. Überlegt, was Jürgen in dem Moment denken könnte, und schreibt seine Gedanken in die Denkblasen.

8. *Zusatzaufgabe:* Überlege zum Abschluss: Welche Rolle spielen die Ratten in dieser Kurzgeschichte? Und welche Rolle spielen die *Kaninchen*?

Texte lesen und verstehen 7/8 Best.-Nr. 3-507-41764-2

1. Die Kurzgeschichte spielt **im Krieg oder in der Nachkriegszeit.** Wichtig sind **Jürgen** und **der ältere Mann**.

2. **Der Lehrer** hat Jürgen die Wahrheit gesagt. Wenn Ratten nachtaktive Tiere sind, bedeutet das natürlich, dass sie nachts nicht schlafen.

3. In der Dämmerung könnte Jürgen die Ratten noch sehen, aber nicht, wenn es richtig dunkel ist. Der Mann möchte offenbar verhindern, dass Jürgen misstrauisch wird. Durch den Zusatz wird auch klar, dass der Mann sehr genau weiß, dass Ratten nachts nicht schlafen. Er hat Jürgen also bewusst angelogen.

4. **Der Lehrer will (anscheinend), dass** seine Schüler das Richtige lernen. – **Der ältere Mann will (anscheinend), dass** Jürgen aufhört, ständig bei der Ruine seines Hauses auf Ratten aufzupassen. Er will ihn trösten.

5. Jürgen zeigt in seinem Verhalten Eigenschaften von **verzweifelt** über **unsicher** bis zu **hoffnungsvoll**.

6. Die Trostlosigkeit überwiegt bei Weitem, aber es gibt auch ein klein wenig Hoffnung. *Begründung:* Der ältere Mann schafft es, Jürgen auf andere Gedanken zu bringen, indem er ihm ein Kaninchen verspricht. Dass ein bisschen Hoffnung zum Ausdruck kommt, zeigt sich auch daran, dass am Schluss von klaren Farben (Rot, Grün) die Rede ist. Ihr könntet die Markierung ungefähr so vorgenommen haben:

Trostlosigkeit:

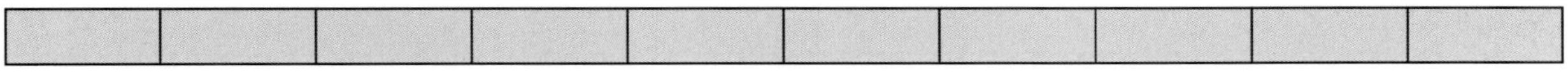

Hoffnung:

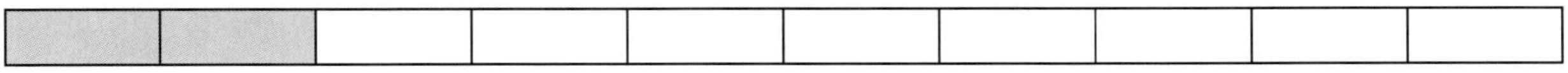

Texte lesen und verstehen 7/8 Best.-Nr. 3-507-41764-2

7. Je nachdem, welche Textstellen ihr ausgewählt habt, könntet ihr folgende Gedanken in die Denkblasen eingefügt haben (Beispiele):

Was hat der denn für komische Vorstellungen? Für Geld würde ich doch nicht hier ausharren! (Zeile 20)

Der glaubt wohl, er kann mich neugierig machen. Hält der mich etwa für blöd? (Zeile 25 f.)

Eigentlich würde ich die Kaninchen schon gern sehen. Aber das geht ja nicht. (Zeile 49)

Ob es wirklich stimmt, dass die Ratten nachts schlafen? (Zeile 74 f.)

8. Die **Ratten** machen Jürgen Angst, denn er denkt, dass sie die Leiche seines Bruders auffressen würden. Der Gedanke daran, ein **Kaninchen** zu haben, erfüllt ihn mit Freude. Das lenkt ihn von seiner Traurigkeit ab.

Spielplan

Aal	Adler	Affe	Bär	Biene
Elefant	Esel	Eule	Fisch	Frosch
Fuchs	Gänse	Geier	Hahn	Hase
Hirsch	Hühner	Hund	Kalb	Kater
Katze	Krokodil	Kuckuck	Lamm	Löwe
Mäuschen	Mops	Ochse	Pferd	Pudel
Rabe	Ratte	Sau	Schlange	Schnecke
Schwein	Spatz	Specht	Taube	Unke
Vogel	Wespe	Wolf	Wurm	Zebra

Texte lesen und verstehen 7/8 Best.-Nr. 3-507-41764-2

Kombi-Karten

Angst	Anteil	Auge	Blick	Brille
Brücke	Bücher	Dienst	Ei	elend
Eltern	fidel	fleißig	Fortsatz	frei
fromm	Fuß	glatt	Haut	Hirn
Hitze	Horn	Hunger	Jammer	Kräfte
Liebe	lesen	Marsch	miserabel	müde
Mut	Mutter	Nacht	Ohr	Pech
Perspektive	Platz	Pleite	reißen	Rufe
schlucken	Schwanz	sparen	Spaß	spielen
Stall	stark	Stärke	still	Stimmung
Streifen	Tage	Taille	Tempo	Theater
Tour	Tränen	Tritt	turteln	Wäsche
Wasser	Wetter	wohl	Zahn	Zug

Texte lesen und verstehen 7/8 Best.-Nr. 3-507-41764-2

Fugen-Karten

+ e	+ e	+ e	+ e	+ e
+ s	+ s	+ s	+ s	+ s
+ n	+ n	+ n	+ n	+ n
+ en	+ en	+ en	+ en	+ en
– n	– n	– n	– n	– n
– en	– en	– en	– en	– en

Vorbereitende Aufgabe

Im Folgenden lest ihr einige Komposita (zusammengesetzte Wörter). Ein Teil der Komposita besteht immer aus dem Wort Hund. Welche der gegebenen Komposita haben eine übertragene Bedeutung? Unterstreicht sie.

Schoßhund – Hundewetter – hundeelend – hundsmiserabel – Blindenhund – Hundehalter – Wachhund – Hundstage – hundemüde – Hundehalsband – Hundehütte – Hunderasse

Hinweis: Wenn ein Wort so gebraucht wird, dass seine eigentliche, ursprüngliche Bedeutung gemeint ist, sagt man auch, das sei die **wörtliche Bedeutung**. Wenn ein Wort so gebraucht wird, dass damit etwas anderes gemeint ist, nennt man das eine **übertragene Bedeutung** (die Bedeutung ist dann auf etwas anderes „übertragen" worden). In diesem Fall heißt das: Wenn mit dem Kompositum etwas gemeint ist, das sich auf Hunde bezieht (auf eine bestimmte Art von Hund – oder auch: auf etwas, das zu einem Hund gehört), ist es die wörtliche Bedeutung. Wenn es aber verwendet wird, um etwas zu bezeichnen, das sich auf etwas anderes bezieht, z. B. auf Menschen, dann ist es die übertragene Bedeutung.

Texte lesen und verstehen 7/8 Best.-Nr. 3-507-41764-2

Texte lesen und verstehen 7/8 Best.-Nr. 3-507-41764-2

Lösung der vorbereitenden Aufgabe

Folgende Komposita haben eine übertragene Bedeutung: *Hundewetter – hundeelend – hundsmiserabel – Hundstage – hundemüde.*

Spielt das folgende Spiel. Hier lest ihr die **Spielanleitung**:

Der **Spielplan** wird mitten auf den Tisch gelegt. Jeder Spieler erhält am Anfang **vier Kombi-Karten**. Die übrig gebliebenen Kombi-Karten werden **mit dem Rücken nach oben** als **Stapel** auf den Tisch gelegt. Die **Fugen-Karten** werden als **Extrastapel** ebenfalls auf den Tisch gelegt. Bei den Fugen-Karten sollte aber die Schrift nach oben sichtbar sein.

Ziel des Spiels ist es, möglichst viele Karten den Feldern auf dem Spielfeld zuzuordnen. Das Spiel ist beendet, wenn keine Karte mehr in dem Stapel mit den Kombi-Karten liegt. – Eine Karte darf auf das Spielfeld gelegt werden, wenn ein Spieler sie einem Tiernamen auf dem Spielplan so zuordnen kann, dass beide Wörter – das Wort auf dem Spielfeld und das Wort auf der Karte – ein **zusammengesetztes Wort** (ein Kompositum) ergeben. Das Kompositum darf sich aber nicht auf Tiere beziehen, sondern muss eine **übertragene Bedeutung** haben. Dabei ist die **Reihenfolge beliebig**: Der **Tiername** kann in dem Kompositum **vorne** oder **hinten** stehen. Beispiel: Wer eine Karte mit dem Wort **Angst** hat, kann sie auf das Feld mit dem Wort **Hase** legen. Das ergibt dann das Kompositum **Angsthase**. Wer eine Karte mit dem Wort **Fuß** hat, kann sie auch auf das Feld mit dem Wort **Hase** legen. Das ergibt dann das Kompositum **Hasenfuß**. Allerdings braucht er dann noch eine **Fugen-Karte** mit [+n]. Diese darf er sich aus dem Stapel mit den Fugen-Karten heraussuchen und einfügen.

Übrigens: Es gibt Tiernamen, denen man **mehr als eine Karte** zuordnen kann. Dann liegen am Schluss auf diesem Spielfeld **mehrere Karten**. Das macht aber nichts! Im Gegenteil: Das ist sogar interessant. Später sollt ihr nämlich zu genau diesen Feldern noch Überlegungen anstellen.

Und so beginnt es: Wenn alle Spieler ihre Karten erhalten haben, überlegt jeder erst einmal, ob er ein Feld (oder sogar mehrere) findet, dem er eine Karte zuordnen kann. Er darf diese Karte dann sofort auf dieses Feld legen. Wer eine Karte losgeworden ist, holt sich aus dem Stapel mit den Kombi-Karten gleich eine neue Karte, sodass er wieder vier Karten in der Hand hat.

Nun geht es reihum:

1) Der Gesprächsleiter ist der erste Spieler. Er überlegt, ob er eine seiner Karten loswerden kann. Egal, ob er es schafft oder nicht: Danach nimmt er sich eine neue Karte.
2) Nun geht es im Uhrzeigersinn weiter: Der nächste Spieler ist dran. Er verfährt genauso wie der erste Spieler.
3) So geht es immer weiter.
4) Wenn die letzte Karte aus dem Stapel mit den Kombi-Karten aufgenommen worden ist, ist das Spiel beendet. (Natürlich sollte der Spieler, der die letzte Karte aufgenommen hat, erst prüfen, ob er diese Karte noch einem Spielfeld zuordnen kann.)
5) Gewonnen hat, wer jetzt noch die wenigsten Karten in der Hand hält. (Am besten ist es natürlich, wenn jemand es schafft, alle seine Karten loszuwerden!)

Alle Karten, die übrig geblieben sind, solltet ihr jetzt offen auf den Tisch legen. Dann könnt ihr gemeinsam überlegen, ob sie sich nicht doch noch einem Spielfeld zuordnen lassen. Versucht möglichst alle Karten zuzuordnen.

Zum Schluss holt ihr euch das **Lösungsblatt**. Falls ihr einige Karten nicht zugeordnet habt, könnt ihr das jetzt mit Hilfe des Lösungsblattes nachholen.

Mögliche Lösungen

Aal + glatt	aalglatt
Adler + Auge Adler + Blick	Adlerauge Adlerblick
Affe + n + Hitze Affe + n + Liebe Affe + n + Tempo Affe + n + Theater Affe + n + Zahn	Affenhitze Affenliebe Affentempo Affentheater Affenzahn
Bär + en + Dienst Bär + en + Hunger Bär + en + Kräfte Bär + en + stark	Bärendienst Bärenhunger Bärenkräfte bärenstark
Biene + n + fleißig	bienenfleißig
Elefant + en + Haut	Elefantenhaut
Esel + s + Brücke Esel + s + Ohr	Eselsbrücke Eselsohr
Eule + Nacht (↔)	Nachteule
Fisch + Zug	Fischzug (große Beute, die man gemacht hat)
Frosch + Perspektive Frosch + Wetter (↔)	Froschperspektive Wetterfrosch
Fuchs + Schwanz	Fuchsschwanz (eine große Säge)
Gänse + Haut Gänse + Marsch	Gänsehaut Gänsemarsch
Geier + Pleite (↔)	Pleitegeier
Hahn + en + Tritt	Hahnentritt (ein Stoffmuster, das aussieht wie Spuren von einem Hahn)
Hase + Angst (↔) Hase + n + Fuß	Angsthase Hasenfuß
Hirsch + Platz (↔)	Platzhirsch
Hühner + Auge	Hühnerauge
Hund + e + elend Hund + s + miserabel Hund + e + müde Hund + s + Tage Hund + e + Wetter	hundeelend hundsmiserabel hundemüde Hundstage (heiße Tage im Hochsommer) Hundewetter
Kalb + spielen – en (↔)	Spielkalb
Kater + Stimmung	Katerstimmung
Katze + n + Jammer Katze + n + Wäsche Katze + naschen – en (↔)	Katzenjammer Katzenwäsche Naschkatze

Texte lesen und verstehen 7/8 Best.-Nr. 3-507-41764-2

Texte lesen und verstehen 7/8 Best.-Nr. 3-507-41764-2

Krokodil + s + Tränen	Krokodilstränen
Kuckuck + s + Ei	Kuckucksei
Lamm + fromm	lammfromm
Löwe + n + Anteil Löwe + n + Mut Löwe + n + Zahn	Löwenanteil Löwenmut Löwenzahn
Mäuschen + still	mäuschenstill
Mops + fidel	mopsfidel
Ochse + Horn (↔) Ochse + n + Tour	Hornochse (dummer Mensch) Ochsentour (lang andauernde schwere Arbeit)
Pferd + e + Stärke Pferd + e + Schwanz	Pferdestärke Pferdeschwanz
Pudel + nass Pudel + wohl	pudelnass pudelwohl
Rabe + n + Eltern Rabe + n + Mutter	Rabeneltern Rabenmutter
Ratte + lesen – n (↔) Ratte + Wasser (↔)	Leseratte Wasserratte
Reh + Augen	Rehaugen
Sau + Stall	Saustall
Schlange + Brille + n (↔)	Brillenschlange
Schnecke + n + Tempo	Schneckentempo
Schwein + sparen – en (↔) Schwein + e + Stall	Sparschwein Schweinestall
Spatz + en + Hirn	Spatzenhirn
Specht + schlucken – en (↔)	Schluckspecht
Taube + n + turteln – n (↔)	Turteltauben (zärtliches Liebespaar)
Unke + n + Rufe	Unkenrufe
Vogel + Perspektive Vogel + Pech (↔) Vogel + Spaß (↔) Vogel + frei	Vogelperspektive Pechvogel Spaßvogel vogelfrei
Wespe + n + Taille	Wespentaille
Wolf + s + Hunger Wolf + reißen – en (↔)	Wolfshunger Reißwolf
Wurm + Fortsatz Wurm + Bücher (↔)	Wurmfortsatz (Teil des Blinddarms) Bücherwurm
Zebra + Streifen	Zebrastreifen

1. Auf welchem Feld liegt mehr als eine Karte? Schreibt die Namen dieser Tiere auf und versucht eine Erklärung dafür zu finden, warum diese Tiernamen vergleichsweise häufig verwendet werden, um etwas aus dem Bereich der menschlichen Gesellschaft zu bezeichnen.

2. Jedes Gruppenmitglied wählt ein **Kompositum** aus. Versucht, die **Bedeutung** der von euch gewählten Komposita zu erklären. Schreibt die Erklärung auf.
Beispiel *Eselsbrücke:*
Brücke: Hilfskonstruktion, die geeignet ist, ein Hindernis (z. B. einen Fluss) zu überwinden.
Esel: Ihm werden vor allem diese Eigenschaften zugeschrieben: dumm, störrisch.
Eselsbrücke: (gedankliche) Hilfskonstruktion, die es jemandem erleichtert, sich einen schwierigen Sachverhalt zu merken. Mit Hilfe einer Eselsbrücke kann man sich evtl. etwas merken, ohne es genau verstanden zu haben. (Eine Eselsbrücke ist eben eine Hilfe für Esel!)

3. Die Bedeutungen der Komposita geben Hinweise darauf, welche **Merkmale** dieser Tiere offenbar für besonders wichtig gehalten werden. Wählt **fünf Tiere** aus und schreibt auf, welche ihrer Merkmale eine besondere Bedeutung zu haben scheinen.

4. Zum Schluss noch etwas Rechtschreibung: Welche der entstandenen Komposita schreibt man **groß**, welche **klein**? Formuliert **zwei Regeln**.
1. Regel: Wenn …, dann schreibt man das Kompositum **groß**.
2. Regel: Wenn …, dann schreibt man das Kompositum **klein**.

5. *Zusatzaufgabe:* Kennst du **Redensarten** und **Sprichwörter**, in denen Tiernamen vorkommen? Schreibe sie auf. Achtung: Eine **Redensart** ist eine **bildhafte Formulierung**, mit der **in besonders anschaulicher Weise** von einem Sachverhalt gesprochen wird. Wer ein **Sprichwort** sagt, spricht zwar auch „in Bildern", aber er will damit eine **Lehre** oder einen **Ratschlag** erteilen.
Beispiele für Redensarten sind: mit den Wölfen heulen, zwei Fliegen mit einer Klappe schlagen, jemandem einen Bären aufbinden …
Beispiele für Sprichwörter sind: Ein blindes Huhn findet auch mal ein Korn. – Hunde, die bellen, beißen nicht. – Wenn's dem Esel zu wohl wird, geht er aufs Eis …
Tipp: Es gibt spezielle Wörterbücher für Redensarten und Sprichwörter, z. B. den Duden 11 (Redewendungen). Du kannst aber auch im Internet recherchieren. Redensarten und Sprichwörter findest du z. B. unter folgenden Internetadressen:

http://web.uvic.ca/geru/400/students/sprich.html
http://www.prilchen.de/Info_allgemein/phraseologie2.htm
http://www.operone.de/spruch/spruchinh.htm
http://www.aliaskristel.de/Sprichworter/sprichworter.html

Texte lesen und verstehen 7/8 Best.-Nr. 3-507-41764-2

1. Auf diesen Feldern kann mehr als eine Karte liegen:
Adler – Affe – Bär – Esel – Frosch – Gänse – Hase – Hund – Katze – Löwe – Ochse – Pferd – Pudel – Rabe – Ratte – Schwein – Vogel – Wolf – Wurm.
Es gibt offenbar zwei Möglichkeiten, warum diese Tiernamen öfter verwendet werden:
a) Die **Menschen haben oft Kontakt** mit diesen Tieren (z. B. Hund oder Katze).
b) Die **Tiere haben eine besondere Bedeutung** für die Menschen, z. B. weil sie über bestimmte Fähigkeiten/Eigenschaften verfügen, etwa über eine besondere Stärke (z. B. der Löwe) oder über eine auffallende Sehfähigkeit (z. B. der Adler).

2. (Beispiele)
Schneckentempo:
Tempo ist die Schnelligkeit (oder Langsamkeit) bei der Fortbewegung. – Die *Schnecke* ist in ihrer Fortbewegung sehr langsam. – *Schneckentempo* ist ein auffallend langsames Tempo bei der Fortbewegung.
Affentheater:
Theater hat zwei Bedeutungen: 1. ein Haus, in dem auf der Bühne für ein größeres Publikum etwas aufgeführt wird; 2. viel Wirbel um eine Sache (jemand macht *ein Theater* um etwas). – Wenn man Affen im Zoo beobachtet, kann man oft sehen, dass sie wie wild durcheinander laufen und hüpfen und dabei vielleicht auch laut kreischen. – Mit *Affentheater* ist gemeint, dass *um eine Sache viel Wirbel gemacht wird;* das Ganze wirkt so wild wie das Gerenne und Gekreische, das man manchmal bei Affen im Käfig beobachten kann; deshalb empfindet man diesen Wirbel als *übertrieben* und *unpassend.*

3. (Beispiele)
Esel: Dummheit; **Adler**: scharfer Blick; **Löwe**: Kraft und Mut; **Zebra**: ein auffälliges Streifenmuster im Fell; **Hund**: elendes Dasein (früher mussten Hunde bei Wind und Wetter immer draußen sein).

4. Wenn der *letzte Teil* eines Kompositums ein *Substantiv* ist, schreibt man es *groß* (z. B. Hundewetter); wenn der *letzte Teil kein Substantiv* ist, schreibt man es *klein* (z. B. hundeelend).

5. **Weitere Redensarten sind:** auf der (faulen) Bärenhaut liegen – Schmetterlinge im Bauch haben – den Bock zum Gärtner machen – diebisch wie eine Elster sein – sich wie ein Elefant im Porzellanladen benehmen – Hahn im Korbe sein – auf den Hund kommen.
Weitere Sprichwörter sind: Eine Krähe hackt der anderen kein Auge aus. – Schlafende Hunde soll man nicht wecken. – Die Katze lässt das Mausen nicht. – Wenn die Maus satt ist, schmeckt das Mehl bitter. – Der Spatz in der Hand ist besser als die Taube auf dem Dach.

Texte lesen und verstehen 7/8 Best.-Nr. 3-507-41764-2

Hausaufgabe

Vorbemerkung: Die folgenden Texte sind **Fabeln**. Fabeln sind kleine Geschichten, in denen oftmals Tierfiguren eine entscheidende Rolle spielen. In Wirklichkeit sind mit den Tieren aber Menschen gemeint; das wird schon daraus deutlich, dass sie sprechen können und menschliche Eigenschaften und Verhaltensweisen zeigen. Die meisten Fabeln erzählen, wie Tierfiguren aufeinander treffen und miteinander in einen Konflikt geraten; in der Regel erleidet dabei eine Tierfigur eine Niederlage, während eine andere einen Sieg davonträgt. Aus Fabeln sollen die Leserinnen und Leser eine Lehre ziehen. Das kann ein praktischer Ratschlag oder auch eine allgemeine Wahrheit sein. Bei vielen Fabeln wird die Lehre am Schluss (manchmal auch gleich am Anfang) ausdrücklich ausgesprochen; bei manchen Fabeln muss sich der Leser aber selbst überlegen, welche Lehre ihm durch die kleine Geschichte mitgeteilt wird.

Lies die fünf Fabeln. Wenn am Schluss (oder am Anfang) ausdrücklich eine Lehre erteilt wird: Unterstreiche sie.

Achtung: Es handelt sich nur dann um eine Lehre, wenn sie allgemein formuliert ist. D. h. in diesem Fall: Nur wenn nicht mehr von bestimmten Tierfiguren die Rede ist, sondern wenn eine allgemeine Weisheit formuliert wird, handelt es sich um eine Lehre. Ein Satz wie: „Der Ziegenbock hätte erst überlegen müssen, wie er aus dem Brunnen wieder herauskommt.", wäre also keine Lehre. Eine Lehre könnte aber so lauten: „Wenn man sich in eine schwierige Situation begibt, um etwas zu erreichen, sollte man vorher genau überlegen, ob man es auch schaffen kann, diese Situation zu bewältigen."

Der törichte Bock *Äsop*

Ein Fuchs fiel in einen tiefen Brunnen und wusste nicht, wie er wieder herauskommen sollte. Da kam ein durstiger Ziegenbock zum Brunnen, sah den Fuchs und fragte ihn, ob das Wasser gut sei. Der aber verhehlte sein Missgeschick und sagte: „Oh, das Wasser ist ausgezeichnet, klar und wohlschmeckend, komm nur auch herunter!" Da sprang der Bock, ohne sich zu besinnen, hinab. Als er nun seinen Durst gelöscht hatte, fragte er den Fuchs: „Wie wollen wir aber wieder herauskommen?" Da sagte der Fuchs: „Oh, das werde ich schon machen. Stelle dich auf deine Hinterbeine, stemme die Vorderbeine gegen die Wand und mache deinen Hals lang. Dann werde ich über deinen Rücken und deine Hörner auf den Rand des Brunnens klettern und auch dir heraushelfen." Der Bock tat, wie ihm befohlen war, streckte sich aus und der Fuchs kletterte auf seine Hörner und sprang von dort mit einem gewaltigen Satz auf den Brunnenrand. Dort blieb er, tanzte vor Freuden und verhöhnte den Bock. Der aber machte ihm Vorwürfe, dass er den Vertrag nicht eingehalten hätte. Da sagte der Fuchs: „O Bock, wenn du so viel Gedanken im Kopfe hättest wie Haare im Bart, so wärst du nicht hinuntergestiegen, ohne vorher zu untersuchen, wie du wieder herauskönntest."

(Aus: Aesopische Fabeln. Hrsg. v. August Hausrath. Urtext und Übertragung, München 1940.)

Texte lesen und verstehen 7/8 Best.-Nr. 3-507-41764-2

Der Rabe und der Fuchs *Gotthold Ephraim Lessing*

Ein Rabe trug ein Stück vergiftetes Fleisch, das der erzürnte Gärtner für die Katzen seines Nachbars hingeworfen hatte, in seinen Klauen fort.

Und eben wollte er es auf einer alten Eiche verzehren, als sich ein Fuchs herbeischlich und ihm zurief: „Sei mir gesegnet, Vogel des Jupiters!“ – „Für wen siehst du mich an?“, fragte der Rabe. „Für wen ich dich ansehe?“, erwiderte der Fuchs. „Bist du nicht der rüstige Adler, der täglich von der Rechten des Zeus auf diese Eiche herabkömmt, mich Armen zu speisen? Warum verstellst du dich? Sehe ich denn nicht in der siegreichen Klaue die erflehte Gabe, die mir dein Gott durch dich zu schicken noch fortfährt?“

Der Rabe erstaunte und freute sich innig, für einen Adler gehalten zu werden. „Ich muss“, dachte er, „den Fuchs aus diesem Irrtum nicht bringen.“ Großmütig dumm ließ er ihm also seinen Raub herabfallen und flog stolz davon.

Der Fuchs fing das Fleisch lachend auf und fraß es mit boshafter Freude. Doch bald verkehrte sich die Freude in ein schmerzhaftes Gefühl; das Gift fing an zu wirken, und er verreckte.

(Aus: Gotthold Ephraim Lessings sämtliche Schriften. Hrsg. v. Karl Lachmann. 3. Aufl. von Fritz Muncker. Bd. 1. Stuttgart 1886.)

Der Rabe und der Fuchs *Marie de France*

Es geschah, was wohl möglich ist, dass ein Rabe am Fenster einer Vorratskammer vorbeiflog; da sah er die Käse, die dort drinnen auf geflochtenen Tellern lagen. Einen davon schnappte er sich und flog auf und davon.

Da kam ein Fuchs des Wegs und begegnete ihm. Es gelüstete ihn mächtig nach dem Käse, seinen Teil wollte er davon fressen, mit List wollte er versuchen, den Raben hereinzulegen. „Bei Gott dem Herrn“, sagte der Fuchs, „wie reizend ist doch dieser Vogel! Auf der ganzen Welt gibt es nicht seinesgleichen! Nie habe ich mit meinen Augen einen so schönen gesehen! Wäre seine Stimme so wie seine Gestalt, dann wäre er mehr wert als feines Gold.“

Der Rabe hörte, wie man ihn so hoch rühmte, dass es auf der ganzen Welt seinesgleichen nicht gäbe. Da entschloss er sich zu singen; des Gesangs wegen wollte er das Lob nicht einbüßen. Er öffnete den Schnabel und setzte an; da entglitt ihm der Käse und fiel natürlich zu Boden, und der Fuchs sprang herbei, um ihn zu erhaschen. Danach kümmerte er sich nicht mehr um den Gesang, denn er hatte ja den Käse, wie er es gewünscht.

Das ist ein Beispiel für die Hochmütigen, die auf Lobhudelei erpicht sind; durch Schmeicheleien und Lügen kann man sie leicht dem eigenen Wunsch gefügig machen; das Ihre geben sie törichterweise preis um der falschen Schmeichelei der Leute willen.

(Aus: Fabeln aus drei Jahrtausenden. Auswahl und Nachwort von Reinhard Dithmar. Zürich: Manesse Verlag 1998.)

Texte lesen und verstehen 7/8 Best.-Nr. 3-507-41764-2

Fuchs

Das Rebhuhn und der Fuchs *Romulus*

Ein Rebhuhn saß irgendwo hoch oben. Da kam ein Fuchs und sagte zu ihm: „Wie gut siehst du doch aus! Deine Füße sind wie Rosen, dein Schnabel glänzt wie eine Koralle. Doch wenn du schliefest, wärest du noch schöner.“ Das Rebhuhn glaubte ihm und schloss die Augen. Gleich holte es der Fuchs herunter. Da sagte das Rebhuhn, und es kamen ihm dabei die Tränen: „Ich bewundere deine List und deinen Scharfsinn, bitte sag mir doch erst, wie du heißest! Dann kannst du mich auffressen.“ Als nun der Fuchs dem Rebhuhn seinen Namen sagen wollte und dabei den Rachen aufmachte, entwischte es ihm. Betrübt meinte er: „Wozu musste ich auch reden!“ Da versetzte ihm das Rebhuhn: „Und was hatte ich nötig zu schlafen, wo ich gar nicht schläfrig war!“ – Das gilt für Leute, die da reden, wo es nicht notwendig ist, und schlafen, wo sie wachen müssten.

(Aus: Der lateinische Äsop des Romulus und die Prosa-Fassungen des Phädrus. Kritischer Text von Georg Thiele. Heidelberg 1910.)

Der Löwe und die Füchsin *Félix Maria de Samaniego*

Ein Löwe, einst mächtig,
nun alt und kränklich,
verfolgte vergebens, hungrig und ungestüm,
das Stierkälbchen und das Schaf,
die kletternd über den rauen Berg
flohen, geschützt vor seiner Grausamkeit.
Vom Hunger gequält, dem Tode nahe,
dachte er sich folgende Erlösung von seinem Schicksal aus:
Er ließ bekannt machen, dass er sich in seinem Palast
krank befände und sich wünschte, von den anderen
Tieren besucht zu werden.
Es kamen einige;
und da die schlimmste Krankheit, unter der er litt,
ein gefräßiger Hunger war, benutzte er das köstliche Rezept,
den Monsieur, der ihn aufsuchte, zu verschlingen.
Nun nähert sich die Füchsin heimlich
und beobachtet von der Tür aus
längere Zeit
den Eingang des hohen Palastes.
Der Löwe erblickte sie und sagte sofort zu ihr:
„Komm her; denn ich fühle, dass der letzte Augenblick
meines Lebens gekommen ist.
Besuche mich ebenso wie die anderen, meine Teure.“
„Wie die anderen! Ach, Herr!
Ich habe zwar gesehen, wie sie hineingingen, jawohl,
aber sie sind nicht wieder herausgekommen.
Sieh nur, sieh nur, die Spur
sagt es sehr deutlich:
Es ist nicht gut hineinzugehen,
wenn nicht gewährt ist, wieder herauszukommen.“
Die kluge Vorsicht ist viel wert.

(Aus: Fabeln aus drei Jahrtausenden. Auswahl und Nachwort von Reinhard Dithmar. Zürich: Manesse Verlag 1998.)

Lösung der Hausaufgabe

Die erste ausdrückliche Lehre steht am Schluss der Fabel „Der Rabe und der Fuchs" (von de France):
„Das ist ein Beispiel für die Hochmütigen, die auf Lobhudelei erpicht sind; durch Schmeicheleien und Lügen kann man sie leicht dem eigenen Wunsch gefügig machen; das Ihre geben sie törichterweise preis um der falschen Schmeichelei der Leute willen."
Eine zweite ausdrückliche Lehre steht am Schluss der Fabel „Der Löwe und die Füchsin":
„Die kluge Vorsicht ist viel wert."

1. Lest euch alle Fabeln mit verteilten Rollen vor: Ein Gruppenmitglied übernimmt die Rolle des Erzählers, ein Gruppenmitglied übernimmt die Rolle des Fuchses, und ein weiteres Gruppenmitglied übernimmt die Rolle des jeweiligen zweiten Tieres. Wer eine Tierrolle übernimmt, sollte versuchen, die Eigenschaften und Verhaltensweisen der Tierfiguren zum Ausdruck zu bringen. Der Erzähler muss seinen Text wie ein unbeteiligter Beobachter sprechen.

2. Überprüft, ob der Fuchs in allen Fabeln als *listig* anzusehen ist.
Hinweis: Jemand gilt als *listig,* wenn Folgendes zutrifft:
- Er ist **egoistisch**, d. h., er denkt an seinen eigenen Vorteil.
- Er ist **zielstrebig**, d. h., er hat eine bestimmte Absicht und geht planvoll vor, um sein Ziel zu erreichen.
- Er ist **unaufrichtig**, d. h., er täuscht andere, indem er seine wahren Absichten verschweigt.
- Er ist **rücksichtslos**, d. h., er nimmt in Kauf, dass andere Nachteile erleiden.
- Er ist **schlau**, d. h. er kann Ideen entwickeln, die es ihm ermöglichen würden, sein Ziel zu erreichen.

Trefft zu jeder Fabel eine Entscheidung. Macht in der folgenden Tabelle immer dann ein Kreuz, wenn die jeweilige Eigenschaft auf den Fuchs zutrifft.

✔ – ?		egoistisch	zielstrebig	unaufrichtig	rücksichtslos	schlau
	Äsop: Der törichte Bock					
	Lessing: Der Rabe und der Fuchs					
	de France: Der Rabe und der Fuchs					
	Romulus: Das Rebhuhn und der Fuchs					
	de Samaniego: Der Löwe und die Füchsin					

Texte lesen und verstehen 7/8 Best.-Nr. 3-507-41764-2

3. Überlegt, in welchen Fabeln der Fuchs als Sieger dargestellt wird und in welchen er eine Niederlage erleidet. Macht in der linken Spalte der Tabelle von Aufgabe 2 diese Zeichen:

✔ : der Fuchs ist als Sieger dargestellt.

– : der Fuchs erleidet eine Niederlage.

? : Es ist nicht ganz klar, ob der Fuchs einen Sieg erzielt oder eine Niederlage erleidet.

4. Nennt für die anderen Tiere je drei Eigenschaften:

Fabel	**Tier**	**Eigenschaften und Verhaltensweisen**
Äsop: Der törichte Bock		
Lessing: Der Rabe und der Fuchs		
de France: Der Rabe und der Fuchs		
Romulus: Das Rebhuhn und der Fuchs		
de Samaniego: Der Löwe und die Füchsin		

5. Überlegt jetzt: Gibt es bestimmte Eigenschaften, die anscheinend regelmäßig dazu führen, dass die anderen Tierfiguren eine Niederlage erleiden? Schreibt sie auf:

6. Wem wird durch die Fabeln eher eine Lehre erteilt – dem Sieger oder dem Verlierer?

7. Schaut euch noch einmal diejenigen Fabeln an, in denen *die Lehre nicht ausdrücklich mitgeteilt wird.* Ergänzt bei diesen Fabeln eine Lehre. Eure Lehre kann mit diesen Worten beginnen: *Man sollte … / Man sollte nicht … / Wenn man …* (Wenn die Fabel schon eine Lehre zum Ausdruck bringt, formuliert ihr sie in eurer eigenen Sprache neu.)

8. *Zusatzaufgabe:* Wähle eine der Fabeln aus. Schreibe den ersten Teil ab, und zwar bis zu der Stelle, wo erkennbar wird, dass das Opfer drauf und dran ist, eine Niederlage zu erleiden. Ändere jetzt den weiteren Verlauf der Handlung so, dass das Opfer sich retten kann.
Achtung: Du musst dann evtl. die Überschrift ändern!

Texte lesen und verstehen 7/8 Best.-Nr. 3-507-41764-2

2. und **3.**

✔ – ?		egoistisch	zielstrebig	unaufrichtig	rücksichtslos	schlau
✔	Äsop: Der törichte Bock	x	x	x	x	x
–	Lessing: Der Rabe und der Fuchs	x	x	x	x	x
✔	de France: Der Rabe und der Fuchs	x	x	x	x	x
?	Romulus: Das Rebhuhn und der Fuchs	x	x	x	x	
?	de Samaniego: Der Löwe und die Füchsin					x

4.

Fabel	Tier	Eigenschaften und Verhaltensweisen
Äsop: Der törichte Bock	Ziegenbock	*voreilig, leichtgläubig, unvorsichtig*
Lessing: Der Rabe und der Fuchs	Rabe	*leichtgläubig, eitel, dumm*
de France: Der Rabe und der Fuchs	Rabe	*leichtgläubig, eitel, dumm*
Romulus: Das Rebhuhn und der Fuchs	Rebhuhn	*leichtgläubig, eitel, geistesgegenwärtig*
de Samaniego: Der Löwe und die Füchsin	Löwe	*alt, kraftlos, verlogen, listig*

5. Eine Eigenschaft der unterliegenden Tierfiguren ist **Leichtgläubigkeit**, die zweite ist **Eitelkeit**: Nur weil die Tiere eitel sind, zeigen sie kein Misstrauen gegenüber denen, die ihnen schmeicheln, und dadurch erleiden sie einen Schaden.

6. Es wird eher demjenigen eine Lehre erteilt, der eine Niederlage erleidet.

7. Mögliche Lehren sind:

- **Äsop**: Auch wenn man etwas dringend braucht, sollte man trotzdem nicht leichtfertig ein Risiko eingehen.
- **Lessing**: Man sollte nicht immer alles haben wollen, was andere besitzen; der Besitz könnte einem schaden.
- **Romulus**: Wenn man überraschend und über alle Maßen gelobt wird, sollte man misstrauisch sein und sich fragen, ob derjenige, der einen so über Gebühr lobt, vielleicht etwas im Schilde führt.

8. (mögliche Lösung zur Fabel „Der törichte Bock"):

Ein Fuchs fiel in einen tiefen Brunnen und wusste nicht, wie er wieder herauskommen sollte. Da kam ein durstiger Ziegenbock zum Brunnen, sah den Fuchs und fragte ihn, ob das Wasser gut sei. Der aber verhehlte sein Missgeschick und sagte: „Oh, das Wasser ist ausgezeichnet, komm nur auch herunter!" Dem Ziegenbock kam es merkwürdig vor, dass der Fuchs so tief unten in dem Brunnen hockte. Er sagte: „Ich weiß nicht, wie ich hinuntergelangen kann. Zeige mir doch einmal, wie du das geschafft hast!" Weil der Fuchs das aber nicht konnte, wurde der Ziegenbock misstrauisch und ging lieber weiter seines Weges. Der Fuchs musste in dem dunklen Loch kläglich verhungern; der Ziegenbock aber gelangte nach einiger Zeit an einen Bach, wo er seinen Durst löschen konnte. – Das zeigt, dass ein gesundes Misstrauen einen vor Schaden bewahren kann.

(Neue Überschrift: Der schlaue Bock)

Texte lesen und verstehen 7/8 Best.-Nr. 3-507-41764-2

Hausaufgabe

Hinweis: Konrad Lorenz, der Verfasser des folgenden Textes, war von Beruf Verhaltensforscher. Er hat sein Leben lang das Verhalten von Tieren erforscht; das hat er vor allem getan, indem er die Tiere beobachtete. Aus diesem Grund hat er in seinem Haus viele Tiere gehalten, die normalerweise wild leben. In seinem Buch „Er redete mit dem Vieh, den Vögeln und den Fischen" schreibt er von seinen Erlebnissen mit diesen Tieren. Dabei verschweigt er nicht, dass es auch Probleme gab; von den Problemen spricht er sogar zuerst …

Lies den Text aufmerksam. Unterstreiche alle Textstellen, in denen der Verfasser von ärgerlichen Erlebnissen mit Tieren erzählt. Kreise die Tiernamen ein; unterstreiche die Textstellen, in denen berichtet wird, welchen Schaden die Tiere angerichtet haben.

Ärger mit Tieren *Konrad Lorenz*

Warum ich zuerst von den Schattenseiten des Zusammenlebens mit Tieren erzähle? Weil das Maß der Bereitschaft, diese Schattenseiten zu ertragen, Opfer zu bringen, auch ein Maß der Tierliebe ist. Unsterbliche Dankbarkeit meinen geduldigen Eltern, die nur den Kopf schüttelten oder nachgiebig seufzten, wenn ich als Schüler oder junger Student schon wieder einen neuen und voraussichtlich Schaden stiftenden Hausgenossen heimbrachte. Und was hat meine Frau im Laufe der Jahre erduldet und geduldet! Denn wer dürfte wohl seiner Gattin zumuten, dass eine zahme Ratte in der Wohnung frei herumläuft, aus den Betttüchern nette kleine Scheibchen nagt, um damit ihr Nest zu tapezieren? Oder, dass ein Kakadu von der Wäsche, die zum Trocknen im Garten hängt, sämtliche Knöpfe abbeißt? Oder, dass eine zahme Wildgans im Schlafzimmer nächtigt, welches sie morgens durch das Fenster fliegend verlässt? (Wildgänse sind *nicht* zimmerrein!) Oder: Was würde eine andere Frau sagen, wenn sich herausstellt, dass die hübschen blauen Tupfen, mit denen Singvögel nach dem Genuss von Holunderbeeren sämtliche Möbel und Vorhänge verziert haben, absolut *nicht* „herausgehen"? Was würde sie sagen, wenn … und so weiter über zwanzig Seiten.

Man wird mich fragen: Ist denn das alles unbedingt notwendig? Und meine Antwort wird ein lautes und deutliches Ja sein. Gewiss kann man Tiere auch in durchaus salonfähigen Käfigen halten, *kennen lernen* jedoch kann man höhere und geistig regsamere Tiere nur dann, wenn sie sich frei bewegen dürfen. […] Höhere Tiere in unbeschränkter Freiheit zu halten war schon aus rein methodisch-wissenschaftlichen Gründen seit jeher meine Spezialität, wie denn auch ein sehr erheblicher Teil meiner Forschungen an frei lebenden, zahmen Tieren durchgeführt wurde. Das Käfiggitter hat in Alternberg[1] eine umgekehrte Rolle gespielt als sonst: Es hatte zu verhindern, dass die Tiere ins Haus oder in den Vorgarten kamen. Auch war es ihnen strengstens „verboten", sich innerhalb des Drahtgitters aufzuhalten, der die schönen Blumenbeete umgab. Aber wie für kleine Kinder hat auch für solche klugen Tiere alles Verbotene eine magische Anziehungskraft. Außerdem verlangten die reizend anhänglichen Wildgänse menschliche Gesellschaft. So kam es denn immer wieder vor, dass, ehe man sich's versah, zwanzig oder dreißig Wildgänse auf den Blumenbeeten weideten oder, noch schlimmer, mit lautem Begrüßungsgeschnatter in die Veranda einfielen. Nun ist es ungemein schwer, einen Vogel, der fliegen kann, aber den Menschen nicht fürchtet, von einem bestimmten Orte fern zu halten. Da helfen das wildeste Geschrei, die heftigsten Bewegungen der Arme nicht. Als einziges, noch wirksames Schreckmittel jedoch blieb ein riesiger, knallroter Garten-Sonnenschirm. Gleich einem Ritter mit eingelegter Lanze sprengte meine Frau, den gefalteten Sonnenschirm unterm Arm, auf die Wildgänse zu, wenn sie wieder einmal die eben gesetzten Blumen abzuweiden begannen, stieß einen kriegerischen Schrei aus und öffnete mit einem Ruck den Schirm. Das war selbst unseren Gänsen zu viel, und sie erhoben sich rauschend in die Lüfte. […]

Was steht diesem nicht enden wollenden und auch sehr kostspieligen Ärger mit frei lebenden tierischen Hausgenossen an Positivem gegenüber?

Nicht zu reden von den methodischen Gründen, die es für gewisse tierpsychologische Untersuchungen notwendig machen, ein seelisch gesundes, von den schädlichen Einwirkungen der Gefangenschaft unbeeinflusstes Versuchstier zu haben, gewährt das frei lebende Tier, das fort *könnte* und doch da bleibt, und zwar aus Anhänglichkeit zu mir da bleibt, einen unnennbaren Reiz. Wenn ich auf einem Spaziergang in den Donauauen den sonoren[2] Ruf des Raben höre und auf meinen antwortenden Ruf der große Vogel hoch droben am Himmel die Flügel einzieht, in sausendem Falle herniederstürzt, mit kurzem Aufbrausen abbremst und in schwereloser Zartheit auf meiner Schulter landet, so wiegt dies sämtliche zerrissenen Bücher und sämtliche leergefressenen Enteneier auf, die der Rabe auf dem Gewissen hat. Der Zauber des Erlebnisses schwindet auch dann nicht, wenn es alltäglich und der Wotansvogel[3] mir zu einem ebenso

[1] damaliger Wohnort des Verfassers (Stadt nahe Dresden)
[2] tief und voll klingend
[3] gemeint: der Rabe (Wotan: Gott der Germanen; den Vorstellungen nach hatte er zwei Raben, die täglich ausflogen, um zu erkunden, was es Neues gab, und die dann zurückkehrten, um ihm die Neuigkeiten mitzuteilen)

selbstverständlichen Hausgenossen geworden ist wie jemandem anderen Hund oder Katze. Denn das Tier, einmal vertraut geworden, gibt ja nicht nur das, was es im jeweiligen Augenblick seines Daseins gewährt, sondern auch das, woran es mich erinnert. So ging ich einmal an einem trüben Vorfrühlingstage zur Donau hinunter. Das noch winterlich schmale und dunkle Band des Stromes kommen Schellenten, Zwerg-, Mittel- und Gänsesäger, hier und da eine Schar Saat- oder Blässgänse[4] entlanggezogen, und unter ihnen, als müsste das so sein, eine Schar Graugänse. Ich sehe, dass der Gans, die als zweite im linken Glied der dreieckigen Phalanx[5] fliegt, eine Handschwinge fehlt. Und bei diesem Anblick ist mir mit einem Male alles gegenwärtig, was ich über diese eine Gans und diese eine abgebrochene Schwungfeder weiß, was geschehen war, dass sie brach. Denn selbstverständlich sind es *meine* Graugänse, die da hinziehen, andere gibt es auf der Donau auch zur Zugzeit[6] nicht.

Die zweite Gans also im linken Flügel des Dreiecks ist der Gänserich Martin. Er hat sich zuzeiten mit meiner zahmen Zimmergans Martina verlobt und ist daher nach ihr getauft worden (vorher war er bloß eine Nummer, weil nur die von mir selbst aufgezogenen Gänse Namen erhielten). Bei Graugänsen begleitet nun der junge Verlobte seine Braut buchstäblich auf Schritt und Tritt. Da aber Martina sich völlig frei und furchtlos in allen Räumen unseres Hauses bewegte, ohne nach den Bedenken des im Freien aufgewachsenen Bräutigams zu fragen, war dieser genötigt, sich in die ihm unbekannten Räume zu wagen. Wenn man weiß, welche Hemmungen die Graugans als Vogel freier Flächen hat, sich auch nur zwischen Gebüsche und unter Bäume zu wagen, so dünkt uns Martin ein kleiner Held, wie er seiner Angebeteten mit hoch gerecktem Halse durch das Haustor in die Halle und dann noch die Treppe hinauf bis ins Schlafzimmer folgt. Ich sehe ihn noch mitten im Zimmer stehen, steil aufgerichtet, das Gefieder übermäßig glatt angepresst, den Schnabel offen, zitternd vor innerer Spannung und doch laut zischend den großen Unbekannten zum Kampfe herausfordernd. Da fällt plötzlich hinter ihm krachend die Tür zu. Jetzt noch standhaft zu bleiben war selbst einem Gänsehelden nicht zuzumuten. Er flog auf und kerzengerade in den Glaslüster. Der büßte mehrere Anhängsel ein. Ritter Martin aber eine Handschwinge.

Das also weiß ich über die fehlende Handschwinge der Gans, die als zweite im linken

[4] Schellenten, Zwerg-, Mittel- und Gänsesäger, Saat- und Blässgänse: Arten von Entenvögeln
[5] bestimmte Aufstellung von Soldaten, die in den Kampf ziehen (in Form eines Dreiecks)
[6] Zeit des Vogelflugs

Texte lesen und verstehen 7/8 Best.-Nr. 3-507-41764-2

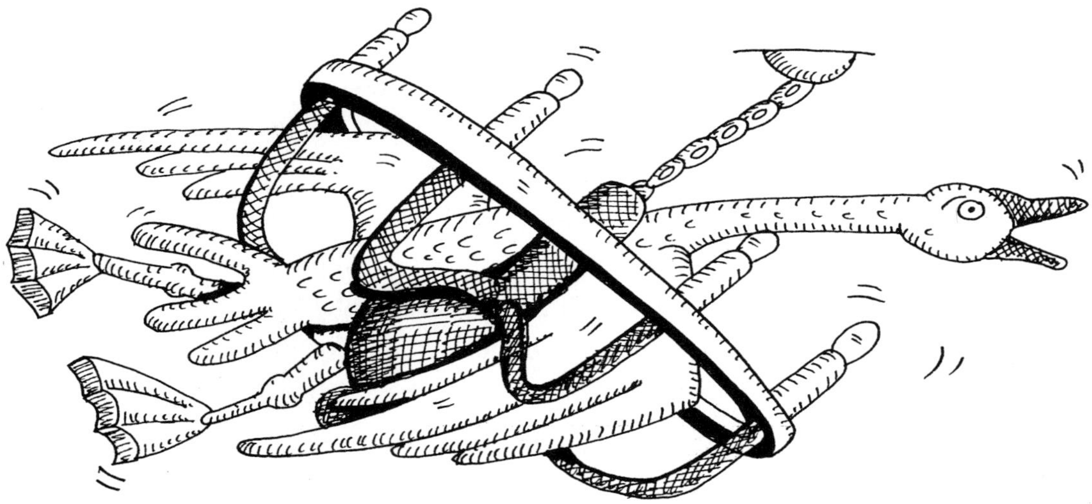

Gliede fliegt, aber ich weiß noch mehr, Tröstlicheres. Ich weiß zum Beispiel: Wenn ich jetzt von meinem Gange nach Hause komme, werden die Gänse auf der Treppe vor der Veranda stehen und mich mit lang vorgestreckten Hälsen begrüßen, was bei Gänsen dasselbe bedeutet wie beim Hund das Schwanzwedeln.

Und während ich noch den Gänsen nachblicke, die, niedrig über dem Wasser fliegend, in der nächsten Krümmung des Stromes verschwinden, packt mich plötzlich jene Verwunderung über das Vertraute, die der Geburtsakt der Philosophie[7] ist. Ich staune zutiefst, dass es möglich war, mit einem frei lebenden Vogel in so vertrauten Verkehr zu treten, und ich empfinde diese Tatsache als etwas seltsam Beglückendes, so, als sei durch sie ein kleiner Teil der Vertreibung aus dem Paradiese rückgängig gemacht worden.

Die Raben sind dahin, die Graugänse aus dem beschossenen Königsberg[8], wo ich zuletzt an der Universität las, abgewandert, wer weiß, wohin. Von allen meinen frei fliegenden Vögeln sind nur noch die Dohlen vorhanden. Sie waren die ersten von allen Vögeln, die ich in Altenberg ansiedelte. Die zeitlosen Gesellen ziehen immer noch ihre Kreise um die hohen Giebel und ihre hellen Rufe, deren Bedeutung ich bis ins Einzelne verstehe, klingen immer noch durch den Schacht der Luftheizung herab in mein Arbeitszimmer. Und immer noch verstopfen ihre Nester alljährlich die Rauchfänge, gibt es Ärger über den Schaden, den sie an den Kirschbäumen der Nachbarn stiften.

Wird man verstehen, dass es nicht nur das wissenschaftliche Ergebnis ist, das Ärger und Kosten vergilt, sondern mehr, viel, viel mehr?

(Aus: Konrad Lorenz: Er redete mit dem Vieh, den Vögeln und den Fischen. München: dtv 1964. S. 13–18. © 1964 Deutscher Taschenbuch Verlag, München.)

[7] Geburtsakt der Philosophie: der Anfang der Philosophie; Philosophie ist eine Wissenschaft, in der über wichtige Fragen des menschlichen Daseins nachgedacht wird.

[8] Königsberg (heute Kaliningrad): Stadt in Ostpreußen. Königsberg wurde im Zweiten Weltkrieg schwer beschädigt; deshalb spricht Lorenz von dem *beschossenen* Königsberg.

Texte lesen und verstehen 7/8 Best.-Nr. 3-507-41764-2

Lösung der Hausaufgabe

- … *eine zahme Ratte:* … aus Betttüchern nette kleine Scheibchen nagt
- *ein Kakadu:* … von der Wäsche, die zum Trocknen im Garten hängt, sämtliche Knöpfe abbeißt
- *eine zahme Wildgans:* (nächtigt) … im Schlafzimmer … (Wildgänse sind *nicht* zimmerrein!)
- *Singvögel:* (haben) … nach dem Genuss von Holunderbeeren sämtliche Möbel und Vorhänge (mit hübschen blauen Tupfen) verziert …, die absolut nicht herausgehen
- *Wildgänse:* … auf den Blumenbeeten weideten …, mit lautem Begrüßungsgeschnatter in die Veranda einfielen; – die eben gesetzten Blumen abzuweiden begannen
- *Rabe:* … zerrissene Bücher; … leergefressene Enteneier …
- *Gänserich:* … flog kerzengerade in den Glaslüster. Der büßte mehrere Anhängsel ein
- *Dohlen:* … verstopfen ihre Nester alljährlich die Rauchfänge; Schaden, den sie an den Kirschbäumen der Nachbarn stiften

1. Obwohl Lorenz von dem Ärger erzählt, der mit der Tierhaltung verbunden ist, bringt er immer wieder auch seine *Tierliebe* zum Ausdruck. Sucht Formulierungen, die zeigen, dass Lorenz seine Tiere liebt und bewundert, und unterstreicht sie mit Blau.

2. Welche Vorstellungen verbindet ihr mit dem Wort *Paradies*? Schreibt eure Einfälle rings um den Wortkreis.

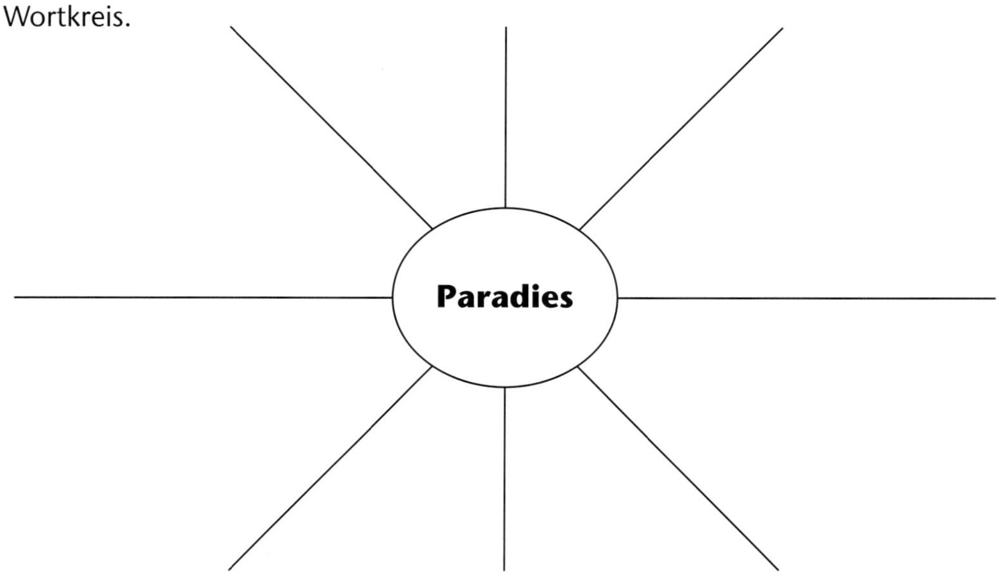

3. Erklärt den Sinn dieser Worte: „[…] ich empfinde diese Tatsache als etwas seltsam Beglückendes, so, als sei durch sie ein kleiner Teil der Vertreibung aus dem Paradiese rückgängig gemacht worden." (Zeile 179 ff.)

4. *Zusatzaufgabe:* Wenn Lorenz von seiner Liebe zu den Tieren spricht, muss man sich als Leser fragen: Passt die Überschrift eigentlich zum Text? Schau noch einmal genau in den ersten Absatz: Es gibt dort einen Satz, der indirekt eine Antwort auf diese Frage gibt. Unterstreiche diesen Satz und erkläre mit eigenen Worten, was dadurch zum Ausdruck kommt.

Texte lesen und verstehen 7/8 Best.-Nr. 3-507-41764-2

1.

Z. 32 f.	Und meine Antwort wird ein lautes und deutliches Ja sein	Z. 130 f.	ist daher nach ihr getauft worden
Z. 51 f.	solche klugen Tiere	Z. 134 ff.	begleitet … der junge Verlobte seine Braut buchstäblich auf Schritt und Tritt
Z. 53 ff.	Außerdem verlangten die reizend anhänglichen Wildgänse menschliche Gesellschaft …	Z. 136	völlig frei und furchtlos
Z. 59	Begrüßungsgeschnatter	Z. 145	dünkt uns Martin ein kleiner Held
Z. 96	in schwereloser Zartheit	Z. 167 f.	mich mit lang vorgestreckten Hälsen begrüßen
Z. 100	Zauber des Erlebnisses	Z. 178	in so vertrauten Verkehr zu treten
Z. 102 f.	zu einem ebenso selbstverständlichen Hausgenossen	Z. 181 ff.	als sei durch sie ein kleiner Teil der Vertreibung aus dem Paradiese rückgängig gemacht worden
Z. 108	…, woran es mich erinnert.	Z. 202 f.	sondern mehr, viel, viel mehr

2.

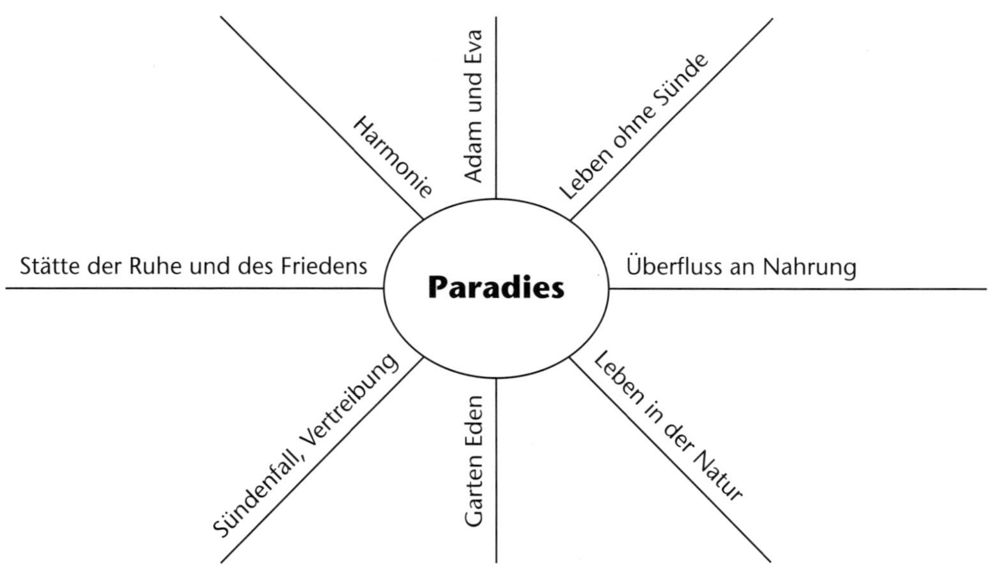

3. Das vertraute Zusammenleben mit seinen Tieren kommt Lorenz geradezu paradiesisch vor: Es herrscht ein harmonisches Miteinander zwischen ihm und den Tieren; dabei sind alle Tiere völlig frei.

4. Im ersten Absatz sagt Lorenz: „Weil das Maß an Bereitschaft, diese Schattenseiten zu ertragen, Opfer zu bringen, auch ein Maß der Tierliebe ist." – Damit drückt er aus, dass derjenige, der Tiere liebt, Opfer bringen muss. Er sieht sogar eine Parallele zwischen den Opfern, die jemand für ein Tier bringt, und dessen Liebe zu diesem Tier: Je größer das Opfer sei, um so inniger sei seine Liebe zu dem Tier.

Hausaufgabe

Schreibe einen kleinen Text über dein Lieblingstier. Am besten orientierst du dich an dieser Reihenfolge:

1. Du sagst, welches dein Lieblingstier ist.
2. Du erklärst, warum dies dein Lieblingstier ist.
3. Du erzählst von einem Erlebnis, das du mit deinem Lieblingstier gehabt hast.

Im Folgenden liest du drei solcher Texte, die von Schülern verfasst wurden. Vielleicht helfen sie dir, Ideen für deinen eigenen Text zu entwickeln.

A Meine Lieblingstiere sind Affen, um es genau zu sagen: eigentlich Schimpansen. Ich finde sie gut, weil sie alles, was sie tun, gemeinsam machen und anscheinend immer Spaß dabei haben. Sie verhalten sich fast immer freundlich und haben dabei immer gute Laune. Sie sind sehr verspielt und hecken öfter mal Streiche aus. Auf diese Art und Weise erinnern sie mich an kleine Kinder. Was mir nicht an ihnen gefällt, ist, dass sie manchmal so laut herumkreischen und dass sie sich gegenseitig lausen und die Läuse dann auffressen.
Mein schönstes Erlebnis mit den Affen hatte ich, als ich einmal im Zoo war. Die Schimpansen machten den Besuchern alles nach und brachten sie dadurch zum Lachen. Als sie keine Lust mehr dazu hatten, bewarfen sie die Leute einfach mit Obst. Da hatten sie wieder ihre Ruhe und konnten machen, was sie wollten.

B Mein Lieblingstier ist der Hamster. Ich mag ihn, weil er so klein ist. Er ist nur ungefähr fünf Zentimeter hoch und drei Zentimeter breit, und er bleibt auch so klein!
Ich finde, dass Hamster sehr niedlich aussehen. Mein Hamster hat eine süße kleine Stupsnase und blondes Fell. Mir gefällt auch, dass er so lustig ist. Wenn er wach ist, rennt er dauernd in seinem Rennrad umher. Das ist auch gut so, weil er sich bemühen sollte, seine Figur zu erhalten, und es sieht witzig aus!
Einmal hat mein Hamster es geschafft, aus dem Käfig zu entwischen. Weil er so klein ist, konnte er sich leicht verstecken. Stundenlang ist er in meinem Zimmer herumgelaufen, ohne dass ich ihn einfangen konnte. Als ich abends im Bett lag, rannte er immer noch herum. Ich konnte hören, wie er immer um meinen Kleiderschrank herumgerannt ist. Schließlich habe ich wieder das Licht eingeschaltet und mich auf die Lauer gelegt. Es dauerte zwar noch eine Weile, aber am Ende habe ich ihn doch erwischt und wieder in den Käfig gesteckt.

C Mein Lieblingstier ist die Katze. Am allerbesten gefällt mir mein Kater Janosch. So etwas wie ihn habe ich noch nie gesehen. Er hat grüne Augen und ein sehr weiches Fell. Das Fell hat auch eine schöne Farbe: Es ist rot-weiß gestreift. Er hat auch lustige Gewohnheiten; z. B. frisst er Käse, Ei und Kartoffeln; außerdem trinkt er manchmal aus dem Wasserhahn. Wenn ich abends ins Bett gehe, legt er sich auf meine Füße. Er meckert dann, weil er keine Decke hat und kein Kissen. Außerdem will er immer meine Diddelmaus in seiner Nähe haben, sonst ist er beleidigt und schläft im Wohnzimmer. Dass er so eigenwillig ist, gefällt mir an ihm am meisten.
Das Schönste, was ich mit ihm erlebt habe, ist vor zwei Jahren passiert. Meine Eltern waren einkaufen gegangen, und ich wollte nach der Post sehen. Ich ließ die Wohnungstür einen Spalt offen und ging zum Fahrstuhl. Plötzlich bemerkte ich, dass Janosch mir nachgelaufen war: Er war mit im Fahrstuhl! Da habe ich vielleicht gelacht!

Best.-Nr. 3-507-41764-2

1. Lest euch gegenseitig eure Texte vor. Überlegt: Wie haben die einzelnen Gruppenmitglieder die Wahl ihres Lieblingstiers begründet? Macht euch dazu Notizen (z. B. weiches Fell, süße Stupsnase, witzige Gewohnheiten o. Ä.).

2. Lest den folgenden Text von Bertolt Brecht.

Herrn K.'s Lieblingstier *Bertolt Brecht*

Als Herr K. gefragt wurde, welches Tier er vor allen schätze, nannte er den Elefanten und begründete dies so: Der Elefant vereint List mit Stärke. Das ist nicht die kümmerliche List, die ausreicht, einer Nachstellung zu entgehen oder ein Essen zu ergattern, indem man nicht auffällt, sondern die List, welcher die Stärke für große Unternehmungen zur Verfügung steht. Wo dieses Tier war, führt eine breite Spur. Dennoch ist es gutmütig, es versteht Spaß. Es ist ein guter Freund, wie es ein guter Feind ist. Sehr groß und schwer, ist es doch auch sehr schnell. Sein Rüssel führt einem enormen Körper auch die kleinsten Speisen zu, auch Nüsse. Seine Ohren sind verstellbar: Er hört nur, was ihm paßt. Er wird auch sehr alt. Er ist auch gesellig, und dies nicht nur zu Elefanten. Überall ist er sowohl beliebt als auch gefürchtet. Eine gewisse Komik macht es möglich, daß er sogar verehrt werden kann. Er hat eine dicke Haut, darin zerbrechen die Messer; aber sein Gemüt ist zart. Er kann traurig werden. Er kann zornig werden. Er tanzt gern. Er stirbt im Dickicht. Er liebt Kinder und andere kleine Tiere.
Er ist grau und fällt nur durch seine Masse auf.
Er ist nicht eßbar. Er kann gut arbeiten.
Er trinkt gern und wird fröhlich.
Er tut etwas für die Kunst:
Er liefert Elfenbein.

(Aus: Bertolt Brecht: Werkausgabe. Edition Suhrkamp. Bd. 12. Frankfurt/M. 1977. S. 387. [R])

Texte lesen und verstehen 7/8 Best.-Nr. 3-507-41764-2

3. Wie begründet Herr K., dass der Elefant sein Lieblingstier ist? Stellt alle die Eigenschaften und Verhaltensweisen in einer Übersicht zusammen, die Herrn K. beim Elefanten gefallen.
Beispiele:

- Er ist gutmütig.
- Sein Rüssel führt einem enormen Körper auch die kleinsten Speisen zu, auch Nüsse.

4. Schaut euch eure Eintragungen jetzt einmal genau an. Was fällt auf?
Tipp: Überlegt, welche der Eigenschaften und Verhaltensweisen vielleicht auch auf andere „Lebewesen" zutreffen könnten. Formuliert eine Vermutung darüber, wer (außerdem?) gemeint sein könnte.

5. Einige Textstellen müssten euch seltsam erschienen sein, und zwar deshalb, weil sie nicht wirklich zusammenzupassen scheinen, z. B. diese: *Es ist ein guter Freund, wie es ein guter Feind ist.*
Versucht eine Erklärung dafür zu finden, dass Herr K. ein Tier schätzt, in dem er sowohl einen *guten Freund* als auch als einen *guten Feind* sieht.
Geht so vor:

- Überlegt, welche Merkmale einen *guten Freund* auszeichnen – und welche Merkmale einen *guten Feind* auszeichnen könnten. (Kann es überhaupt einen *guten* Feind geben?)
- Tragt die Merkmale stichwortartig in eine Tabelle ein.
- Prüft, ob es Merkmale gibt, die sowohl für einen guten Freund als auch für einen guten Feind gelten könnten.

Ein guter Freund: Merkmale	**Ein guter Feind: Merkmale**
?	**?**

6. Sucht weitere Textstellen, die euch widersprüchlich vorkommen. Unterstreicht sie. Überlegt anschließend, was durch diese Widersprüchlichkeiten über die Persönlichkeit des „Lieblingstiers" zum Ausdruck gebracht wird.

7. Diskutiert über die letzten beiden Sätze. Wer könnte so denken? Kreuzt an und überlegt anschließend: Passen die letzten beiden Sätze zum übrigen Text?

❑ Menschen, die gern ins Museum gehen
❑ Menschen, die sich gern Tierfilme ansehen
❑ Menschen, die gern Geld verdienen
❑ Menschen, die Elefanten lieben

8. *Zusatzaufgabe:* Überarbeite deinen Text über dein Lieblingstier so, dass er dem Text von Brecht ein bisschen ähnlich wird. Du solltest also versuchen, hin und wieder Aussagen über dein Lieblingstier zu machen, die für ein Tier ein bisschen seltsam klingen. Auch solltest du hin und wieder Formulierungen verwenden wie: *einerseits … andererseits – sowohl … als auch.*

1. Welche Merkmale ihr genannt habt, hängt von euren Texten ab. Wahrscheinlich werdet ihr sowohl etwas über das **Aussehen** notiert haben als auch über **Eigenschaften** und **Verhaltensweisen**.

3. und **4.** Die fett gedruckten Merkmale treffen in der Regel eher auf Menschen zu. Es ist daher anzunehmen, dass Herr K., indem er über sein Lieblingstier spricht, vor allem zum Ausdruck bringt, was für Menschen er besonders schätzt.

Z. 2	**vereint List mit Stärke**	Z. 11	**zartes Gemüt**
Z. 5	hinterlässt eine breite Spur	Z. 12	**traurig, zornig**
Z. 5	**gutmütig, versteht Spaß**	Z. 12	**tanzt gern**
Z. 6	**guter Freund, guter Feind**	Z. 12	stirbt im Dickicht
Z. 6	groß, schwer, sehr schnell	Z. 12	**liebt Kinder** und andere kleine Tiere
Z. 7	Rüssel führt einem enormen Körper auch die kleinsten Speisen zu	Z. 13	grau
Z. 8	Ohren verstellbar	Z. 13	fällt nur durch seine Masse auf, nicht eßbar
Z. 8	**hört nur, was ihm paßt**	Z. 14	**kann gut arbeiten**
Z. 8	wird sehr alt	Z. 15	**trinkt gern**
Z. 9	**gesellig,** ... nicht nur zu Elefanten	Z. 15	**wird fröhlich**
Z. 11	dicke Haut	Z. 16	**tut etwas für die Kunst**

5.

Mögliche Merkmale eines guten Freundes	Mögliche Merkmale eines guten Feindes
Er ist hilfsbereit. Er ist zuverlässig. Man kann ihm vertrauen. Er lässt einen nicht im Stich. Er ist immer für einen da. Er würde auch mal ein Opfer bringen usw.	Man weiß, dass er ein Feind ist. Man kennt seine Ansichten. Er macht keinen Hehl aus seinen Ansichten. Man weiß, worüber man mit ihm in Konflikt gerät. usw.

Mögliche Gemeinsamkeiten zwischen einem guten Freund und einem guten Feind wären diese: Beide sind insofern *zuverlässig*, als man sicher weiß, wie sie denken und wie sie sich verhalten würden.

6. Weitere widersprüchlich erscheinende Textstellen sind diese:
„Sehr groß und schwer, ist es doch auch sehr schnell."
„Sein Rüssel führt einem enormen Körper auch die kleinsten Speisen zu, auch Nüsse."
„Überall ist er sowohl beliebt als auch gefürchtet."
„Eine gewisse Komik macht es möglich, daß er sogar verehrt werden kann."
Durch die Widersprüchlichkeiten kommt zum Ausdruck, dass das „Lieblingstier" eine *sehr vielseitige Persönlichkeit* hat; er lässt sich nicht auf einige wenige Merkmale festlegen.

7. **Menschen, die gern Geld verdienen** – Der Elefant wird hier als *Opfer* der Menschen dargestellt: Er wird wegen seiner Stoßzähne gejagt. Menschen, die das tun, wollen damit Geld verdienen (Elfenbein ist wertvoll). Herr K. kann das nicht ernsthaft als Vorzug ansehen. Deshalb passen diese Sätze nicht zum restlichen Text.

Hausaufgabe

Bei dieser Station geht es um **Massentierhaltung**. Bevor du dazu einen Text liest, solltest du zu dem Thema im Internet recherchieren. Versuche vor allem, Informationen über Massentierhaltung bei Hühnern zu erhalten. Am besten druckst du dir wichtige Texte und auch Fotos aus. (Deine Gruppe wird sie anschließend benötigen, um ein Poster herzustellen.) Folgende Internetadressen könnten hilfreich sein:

http://www.greenpeace.org/deutschland/?page=/deutschland/m/
http://www.provieh.de/
http://www.tiere-online.de/ Massentierhaltung.htm
http://www.animal-peace.org/Archiv/apflugis/massen.html
http:/www.mhtwormsev.de/massenti.htm

Lies nun den Text von Bernhard Grzimek. Kreuze anschließend von den vier Aussagen diejenige an, die deiner Meinung nach am besten zum Text passt.
Hinweis: Der Text stammt aus dem Jahre 1979; er ist also mehr als 20 Jahre alt.

Massentierhaltung *Bernhard Grzimek*

Ihnen fällt vielleicht auf, dass die Schalen unserer Hühnereier sehr dünn geworden sind und leicht zerbrechen. Aber ist Ihnen klar, dass drei von vier Eiern, die heute in Deutschland verkauft werden, nicht von Hühnern vom Bauernhof stammen, von der grünen Wiese, auch nicht von Hühnerfarmen mit Auslaufgehegen, sondern von furchtbar gequälten Geschöpfen aus Legefabriken? Eine solche Henne, die mit drei anderen in einem engen Drahtkäfig sitzt, hat die zwölf bis vierzehn Monate, in welchen sie legen darf, nur eine Grundfläche zur Verfügung, die etwa zwei Drittel der Größe eines Briefbogenblattes hat, also kleiner ist als der Hühnerkörper. Je vier Hennen sitzen über- und untereinander in engen Käfigen, Füße und Zehen sind dauernd in Spannung, da der Fußboden aus einem weiten Drahtrost besteht und das Körpergewicht nur an den Berührungspunkten der Zehen mit den zwei Millimeter dünnen Drähten übertragen wird. Damit die Eier nach vorn abrollen, hat dieser Boden außerdem noch ein starkes Gefälle. Ständig müssen sich die Tiere bemühen, Gelenke, Muskeln und Sehnen werden überbeansprucht und schmerzen. Die Tiere können niemals, wie es ihnen angeboren ist, auf einer breiteren Sitzstange, einem Baumast oder dem Erdboden ruhen, sie müssen sich auf dem Bodenrost niederhocken. Nimmt man sie heraus, so ziehen sie bei jedem Schritt die Beine an und krümmen die Zehen sehr stark. Die Tiere können die Flügel nicht ausstrecken, sie können, was sie besonders lieben, niemals im Sand baden. Will eine im Gehöft umherlaufende Henne ihre Eier legen, so sucht sie sich in Ruhe einen ungestörten Platz, wählt im Stall ein ausgepolstertes Legenest und kommt dann nach dem Legen gackernd daraus hervor.
Nicht so in der Legebatterie. Die rot glänzende Schleimhaut der Kloake[1] wird beim Herauspressen des Eies hervorgestülpt. Das reizt die übrigen Käfiginsassen oft, in diese empfindliche Schleimhaut zu picken. Das Tier drängt sich deswegen mit dem After an die Scheidewand[2], dort aber picken wieder die Nachbarn auf es ein. In der Enge zanken sich die Hühner, sie reißen einander die Federn aus, hacken ihre Nachbarn, ja töten sie sogar und verfallen in Kannibalismus.

---

[1] gemeinsamer Ausgang von Darm, Harnblase und Geschlechtsorganen (bei Hühnern ist das der Fall)
[2] Trennwand zwischen den einzelnen Käfigen

Texte lesen und verstehen 7/8 Best.-Nr. 3-507-41764-2

Texte lesen und verstehen 7/8 Best.-Nr. 3-507-41764-2

Schließlich bekommen diese Legehennen am ganzen Körper kahle Stellen, insbesondere am Hals. Die bewegungshungrigen Tiere können nichts tun, als das Futter aus den Rinnen vor ihnen aufzupicken. Wenn sie satt sind, stehen sie trübsinnig und gelangweilt umher. Von Natur aus sind aber Hühner sehr lebhaft. Um das Ausreißen der Federn zu verhindern, schneidet man in vielen Betrieben den Schnabel kurz, sodass den Tieren das Picken weh tut. Dazu wird ein heißes Messer zwischen Schnabelspitze und Nasenöffnung angesetzt, sodass die Schnittfläche nach rückwärts bis zum Ansatz der Haut unter dem Unterschnabel verläuft. Wenn die Tiere mit den Wundrändern gegen die Futterrinne stoßen, empfinden sie nach Tagen noch heftige Schmerzen. Federnfressen und Kannibalismus wird dadurch aber sehr eingeschränkt.

Da die Tiere auf Drahtgittern sitzen und an ihren Kot nicht herankönnen, vermögen sie auch die Fliegenmaden nicht zu erreichen. Auf diese Weise gibt es in solchen Legehallen fast ständig eine starke Fliegenplage, wenn man nicht ständig Kerbtiergifte versprüht.

[…] Bei uns leben […] über siebzig Millionen Hennen so. Neuerdings fand ich sogar schon in bäuerlichen Kuhställen solche Hühnerkäfige. Je Legehenne rechnet man zehn Zentimeter Breite; da die Batterien mehrstöckig sind, stehen also auf einem Quadratmeter sechzig Hennen. Natürlich sind auch diese Tiere wieder sehr empfänglich für Krankheiten. Viele fallen tot um; sie haben zu dünne Knochen, obwohl sie bis zum Schluss beschalte Eier gelegt haben. Niemand würde solche Eier zur Zucht verwenden, selbst wenn sie befruchtet wären. Die Besitzer und Angestellten solcher Legefabriken halten meistens ein paar Hühner nach alter Weise im Freien, um selber deren Eier zu essen. Fast alle Batteriehühner haben entartete Fettlebern. Die Ursache ist der zu hohe Nährstoffgehalt des Futters. Würde man den Energiegehalt dieses Lege-Treibfutters senken, würde auch die Legeleistung sofort zurückgehen. Der hohe Eierertrag ist also ganz und gar kein Beweis für Gesundheit und Wohlbefinden der Legerinnen. Der Kot von Batteriehennen enthält doppelt so viel Wasser wie der von Freilandhennen. Sämtliche Spurenelemente und die meisten Vitamine sind wasserlöslich und wandern daher verstärkt mit dem Kot ab. Daher kommt die Blutarmut der Batteriehennen. Weil sie nur Eier mit blassem Dotter legen, stellt die chemische Industrie künstliche Farbstoffe her. Fünfzehn Gelbtöne stehen zur Wahl. Sie färben zwar, erwecken beim Käufer den Eindruck von „Landeiern“, können aber nicht von unserem Körper in Vitamin A verwandelt werden. […]

Bis zu 20 v.H. der Legehennen sterben jedes Jahr in den Käfigen oder müssen notgeschlachtet werden, aber man nimmt das in Kauf, wenn es die Wirtschaftlichkeitsrechnung verträgt. Da das Futter auf rollenden Bändern zu den Tieren gebracht und auf gleiche Weise Kot und Eier wegbefördert werden, braucht man zur Versorgung von 5000 Hennen je Tag nur fünf bis sechseinhalb Stunden Arbeit. Das ist das Entscheidende. Hielte man die Tiere weniger qualvoll und natürlicher, so würden zwar weniger sterben und krank werden, man müsste aber viel mehr Arbeitsstunden bezahlen. […]

(Aus: Bernhard Grzimek: Vom Grizzlybär zur Brillenschlange. München: Kindler 1979.)

- ❑ Der Verfasser ist zwar ein Gegner der Massentierhaltung; er sieht aber ein, dass Massentierhaltung notwendig ist.
- ❑ Der Verfasser ist ein Gegner der Massentierhaltung; er kann aber erklären, weshalb es zur Massentierhaltung gekommen ist.
- ❑ Der Verfasser ist ein Gegner der Massentierhaltung, und er kann überhaupt nicht verstehen, wieso es überhaupt zur Massentierhaltung gekommen ist.
- ❑ Man kann nicht genau sagen, ob der Verfasser ein Gegner von Massentierhaltung ist, denn er stellt einfach nur sachlich dar, wie Massentierhaltung funktioniert.

Lösung der Hausaufgabe

Antwort 2 ist richtig: Der Verfasser ist ein Gegner der Massentierhaltung, er kann aber erklären, weshalb es zur Massentierhaltung gekommen ist.

1. Vergleicht die Darstellung von Grzimek mit den Informationen, die ihr im Internet erhalten habt. Hat sich in den letzten zwanzig Jahren an der Hühnerhaltung etwas geändert? Wenn ihr feststellt, dass einiges nach wie vor so abläuft wie vor mehr als zwanzig Jahren, macht euch dazu auf einem Extrablatt Notizen. Ihr könnt diese Notizen später für euer Poster verwenden.

2. An einer Stelle spricht der Verfasser von Hühnern, die so gehalten werden, wie es ihren natürlichen Bedürfnissen entspricht. Was berichtet er von ihrem *Verhalten*?

3. An einer anderen Stelle macht der Verfasser eine Aussage über eine *Eigenschaft*, die frei laufende Hühner auszeichnet. Welche Eigenschaft ist das?

4. An vielen Stellen, an denen Grzimek das Leben von Hühnern in Legebatterien darstellt, macht er zugleich *indirekte Aussagen* über ihre natürliche Lebensweise.
Beispiel: „Die Hühner können niemals ihre Flügel ausbreiten." – Wenn der Verfasser sagt, was die Hühner *niemals tun können*, dann bedeutet das indirekt, dass sie das *normalerweise (manchmal) tun würden.*
Sucht drei weitere solcher *indirekten Aussagen*.
Tragt die genaue Formulierung in die linke Spalte der folgenden Tabelle ein und ergänzt rechts, was dadurch über die natürliche Lebensweise der Hühner zum Ausdruck kommt.

Formulierung im Text	**Bedeutung**

5. Nutzt die Informationen, die ihr im Internet gefunden habt, und die Informationen, die Grzimek in seinem Text gibt, um ein Poster herzustellen. Das Poster soll die Menschen davon abhalten, (billige) Eier aus „Hühnerfabriken" zu kaufen. Ein möglicher Slogan für euer Poster könnte so lauten:

Hände weg von Billigeiern!

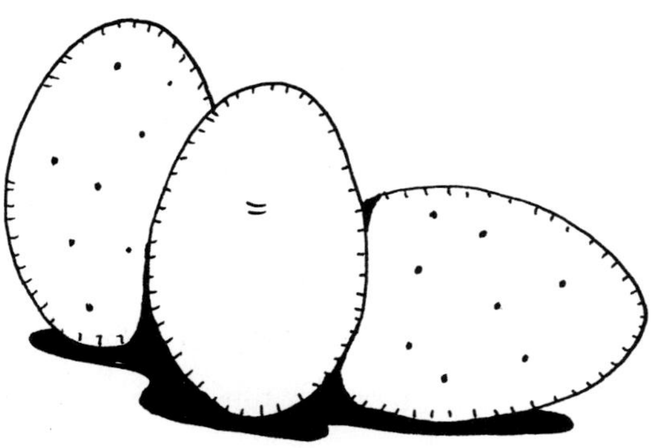

TIPP

Gebt auf eurem Poster möglichst viele Informationen darüber, wie das Leben von Hühnern in Legebatterien verläuft. Die Informationen, die ihr gebt, sollten geeignet sein, Menschen davon zu überzeugen, dass sie künftig keine Eier mehr aus Legebatterien kaufen. Um euer Poster attraktiv zu machen, solltet ihr es außerdem illustrieren. Ihr könnt dafür Fotos verwenden, die ihr im Internet gefunden habt. Ihr könnt aber auch eigene Zeichnungen anfertigen.

Hängt euer fertiges Poster im Klassenraum oder im Eingangsbereich eurer Schule aus.

6. *Zusatzaufgabe:* Verfasse einen Leserbrief an eine Lokalzeitung. Schreibe auf, was du von der Hühnerhaltung in Legebatterien hältst. Schicke deinen Leserbrief an die Zeitung. Wenn du Glück hast, wird er veröffentlicht!

Hühner

Lösungen

1. Es hat sich nichts geändert. Die Hühner sind immer noch in qualvoller Enge in kleine Käfige eingesperrt (pro Huhn nur so viel Platz, wie ein DIN A4-Blatt groß ist; die Käfige in mehreren Etagen übereinander), und sie müssen die ganze Zeit auf schrägen Drahtrosten hocken. Sie leiden an Verhaltensstörungen (Federpicken bis hin zum Kannibalismus) und werden leicht krank.

2. Wenn eine solche Henne ein Ei legen will, sucht sie sich in Ruhe einen ungestörten Platz (ein ausgepolstertes Legenest). Wenn sie ihr Ei gelegt hat, kommt sie gackernd daraus hervor.

3. Sie sind von Natur aus sehr **lebhaft**.

4.

Formulierung im Text	Bedeutung
Die Tiere können niemals, wie es ihnen angeboren ist, auf einer breiteren Sitzstange, einem Baumast oder dem Erdboden ruhen.	Wenn sie ruhen, sitzen sie normalerweise auf einer breiteren Sitzstange, einem Baumast oder auf dem Erdboden.
Sie können niemals, was sie besonders lieben, im Sand baden.	Hennen baden gern im Sand.
Die bewegungshungrigen Tiere können nichts tun, als das Futter aus den Rinnen vor ihnen aufzupicken.	Normalerweise bewegen sich Hühner viel.

5. Auf eurem Poster könnten, kreuz und quer verteilt, folgende Sätze stehen:
- Hühner in Legebatterien leben in qualvoller Enge!
- Sie können sich kaum bewegen!
- Sie langweilen sich und werden trübsinnig.
- Viele Legehennen werden krank.
- Jede fünfte Henne stirbt in den Käfigen!
- Sie hacken sich gegenseitig, und sie töten sich sogar!
- Sie haben am ganzen Körper kahle Stellen.
- Die gelbe Farbe der Eidotter ist nicht echt; sie stammt von künstlichen Farbstoffen!
- Die Eier werden per Fließband wegbefördert.
- Warum diese Tierquälerei??? Es geht nur um den Profit!

6. Ein möglicher Leserbrief könnte so lauten:
Wussten Sie schon, wie qualvoll Hühner in Legebatterien gehalten werden? Der Platz, der einer Henne zur Verfügung steht, ist nicht mal so groß wie ein Briefbogen. In dieser Enge dürfen sie nur eines: Körner picken und Eier legen. Das ist Tierquälerei! Niemand sollte solche Eier kaufen. Denn nur wenn sich mit den Fließbandeiern kein Geld mehr verdienen lässt, lohnt es sich nicht mehr, die Hühner so zu quälen. Dann erst wird sich etwas ändern.